社労士・税理士が教える

絶対にやっておかないとヤバイ！

【図解】定年前後の手続きの進め方 最新版

特定社会保険労務士　房野和由　税理士　柴崎貴子

彩図社

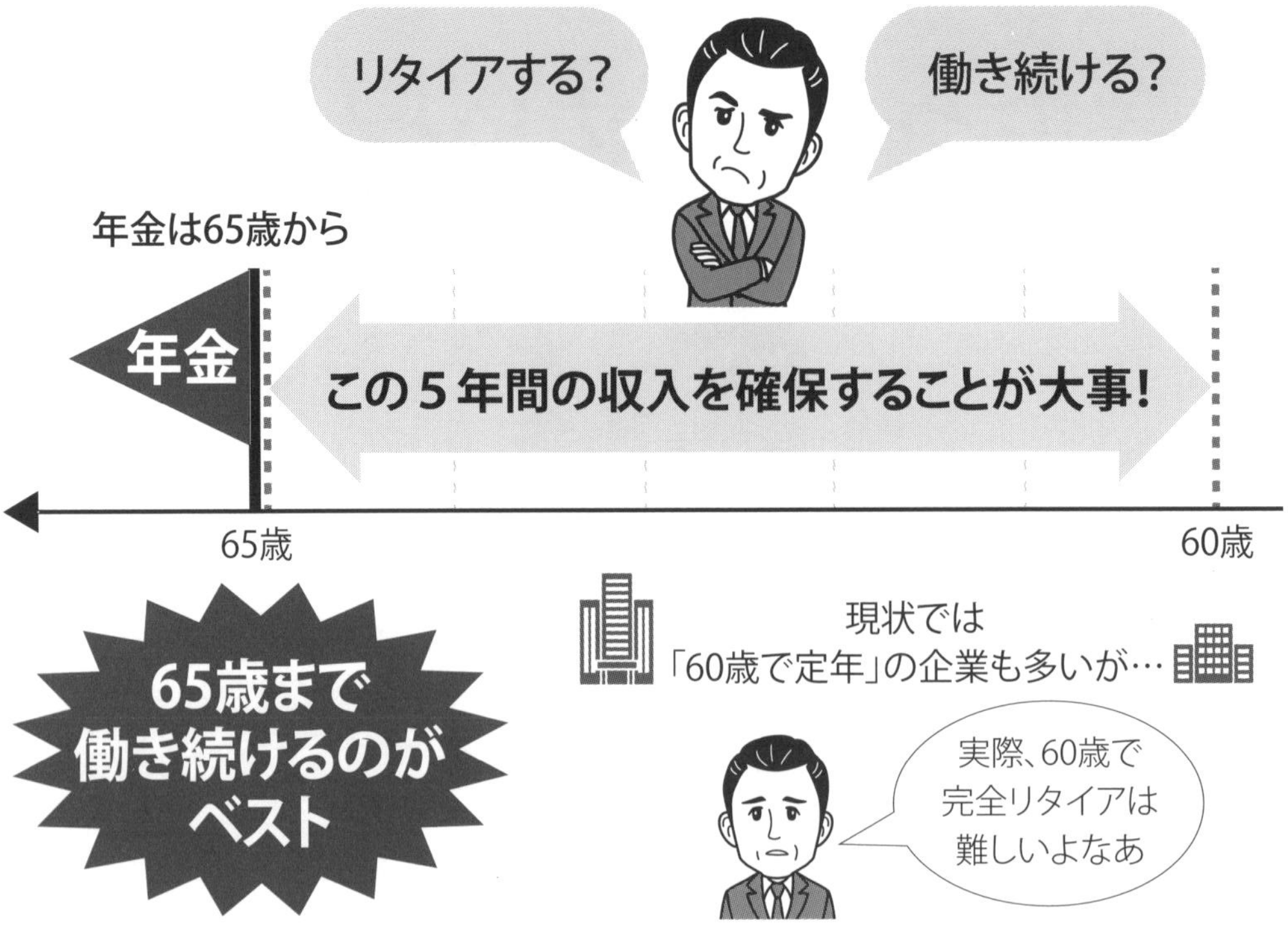

リタイアする?
働き続ける?
年金は65歳から
年金
この5年間の収入を確保することが大事!
65歳
60歳
現状では
「60歳で定年」の企業も多いが…
65歳まで
働き続けるのが
ベスト
実際、60歳で
完全リタイアは
難しいよなあ

60歳は今や リタイアする年齢ではない

定年は何歳でしょうか?

そんな問い掛けをすると、「60歳に決まっているだろう」という答えが返ってきそうですが、実際、60歳を定年としている会社がほとんどです。

厚生労働省の令和4年「高年齢者雇用状況等報告」によると、65歳を定年とする企業は、中小企業で22・8%、大企業で15・3%となっていて、65歳定年は広がっていません。

65歳は年金をもらい始める年齢であるため、会社員にとってこの年齢まで働くこと、すなわち雇用されることが大きな意味を持ってきます。一部の富裕層を除いて、多くの人にとって、65歳になるまでの5年間の収入を確保することが切実な問題となります。

60歳と65歳時点での手続きが大事

高年齢者雇用確保措置の実施状況については、65歳までの高年齢者雇用確保措置を実施済みの企業は

これだけは知っておかないとヤバい
【2章】
雇用保険
定年退職も
「失業」のうち
↓
基本手当
がもらえる
【3章】
年金
手続きしないと
もらえない
＋
加入期間が
足りない場合は
任意加入
もできる
【4章】
健康保険
選択肢は
4つ
家族の被扶養者に
なれば
保険料は0円
【5章】
税金
確定申告をすれば
払い過ぎた
税金は
戻ってくる
退職金や年金にも
税金はかかる
手続きをする
いつまでに、どこへ、何を持っていけば手続きができるかを知る！

23万5620社であり、中小企業の99・9%、大企業の99・9%が実施しています（令和4年「高年齢者雇用状況等報告」）。

さらに、実施している企業の70・6%が「継続雇用制度の導入」といいますから、10人中7人は、同じ会社で継続雇用され働いていると推察されます。多くの企業が「定年の引き上げ」や「定年制の廃止」に対して消極的である姿勢が透けて見えるようです。

このような事情から、普通の会社員は「60歳で定年を迎え、契約社員（嘱託社員）として継続雇用され、65歳まで働く」というパターンになることが多いのです。

本書は、大きく**雇用保険、年金、健康保険、税金**の4項目について、知っておかなくてはならない手続きを中心に構成しています。また、60歳以降も働き続けることを前提に、**これだけは絶対に知っておきたい**というものに絞り、見やすさと読みやすさを重視した紙面を心掛けました。

本書が定年前後の皆さまに少しでもお役に立てれば幸いです。

特定社会保険労務士　房野和由

もくじ

3章 年金の手続き

4章 健康保険の手続き

5章 税金の手続き

資料編・書類の書き方例

1章

定年前の準備をする

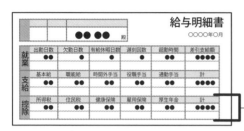

1章－1
定年前の**準備**をする

退職後は会社任せにできない

退職する数カ月前から準備しておく

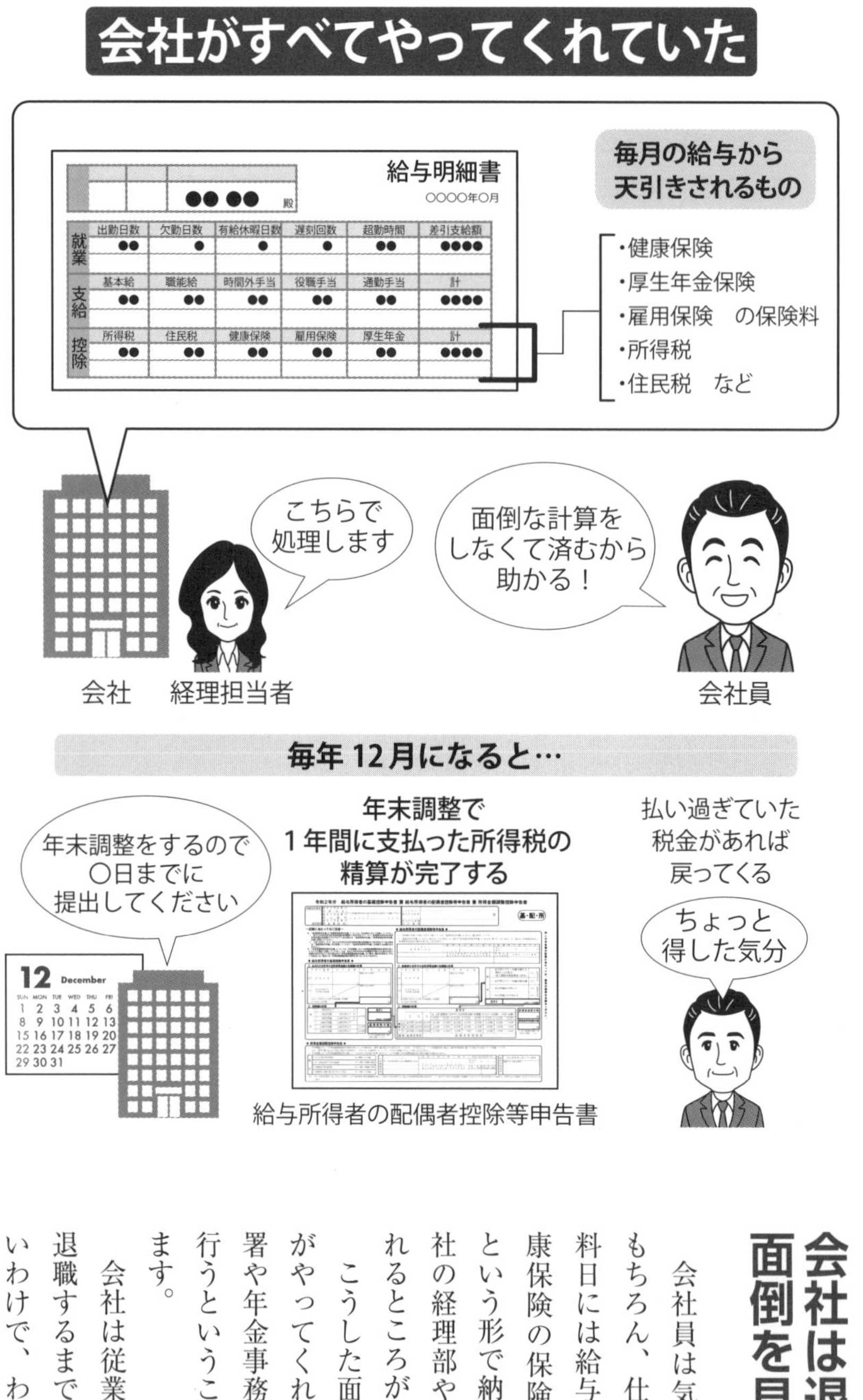

会社がすべてやってくれていた
給与明細書
●● ●● 殿
○○○○年○月
就業
出勤日数
欠勤日数
有給休暇日数
遅刻回数
超勤時間
差引支給額
支給
基本給
職能給
時間外手当
役職手当
通勤手当
計
控除
所得税
住民税
健康保険
雇用保険
厚生年金
計
毎月の給与から天引きされるもの
・健康保険
・厚生年金保険
・雇用保険　の保険料
・所得税
・住民税　など
こちらで処理します
面倒な計算をしなくて済むから助かる！
会社
経理担当者
会社員
毎年 12月になると…
年末調整をするので○日までに提出してください
年末調整で1年間に支払った所得税の精算が完了する
払い過ぎていた税金があれば戻ってくる
ちょっと得した気分
12 December
給与所得者の配偶者控除等申告書

会社は退職するまで面倒を見てくれる

会社員は気楽な稼業とよくいわれます。もちろん、仕事は楽ではありませんが、給料日には給与が支払われ、税金や年金、健康保険の保険料などは**給与からの天引き**という形で納付されます。**年末調整**も、会社の経理部や総務部の担当者が処理してくれるところがほとんどでしょう。

こうした面倒な事務手続きはすべて会社がやってくれるのです。会社員本人が税務署や年金事務所に出向いて、各種手続きを行うということは、基本的にはないといえます。

会社は従業員を採用したら、雇入れから退職するまでの手続きをしなければならないわけで、わずらわしい事務手続きは会社

ポイント

あらかじめ手続きを確認しておき、自分で対応できないものは専門家に相談しよう

定年退職後に行う主な手続き

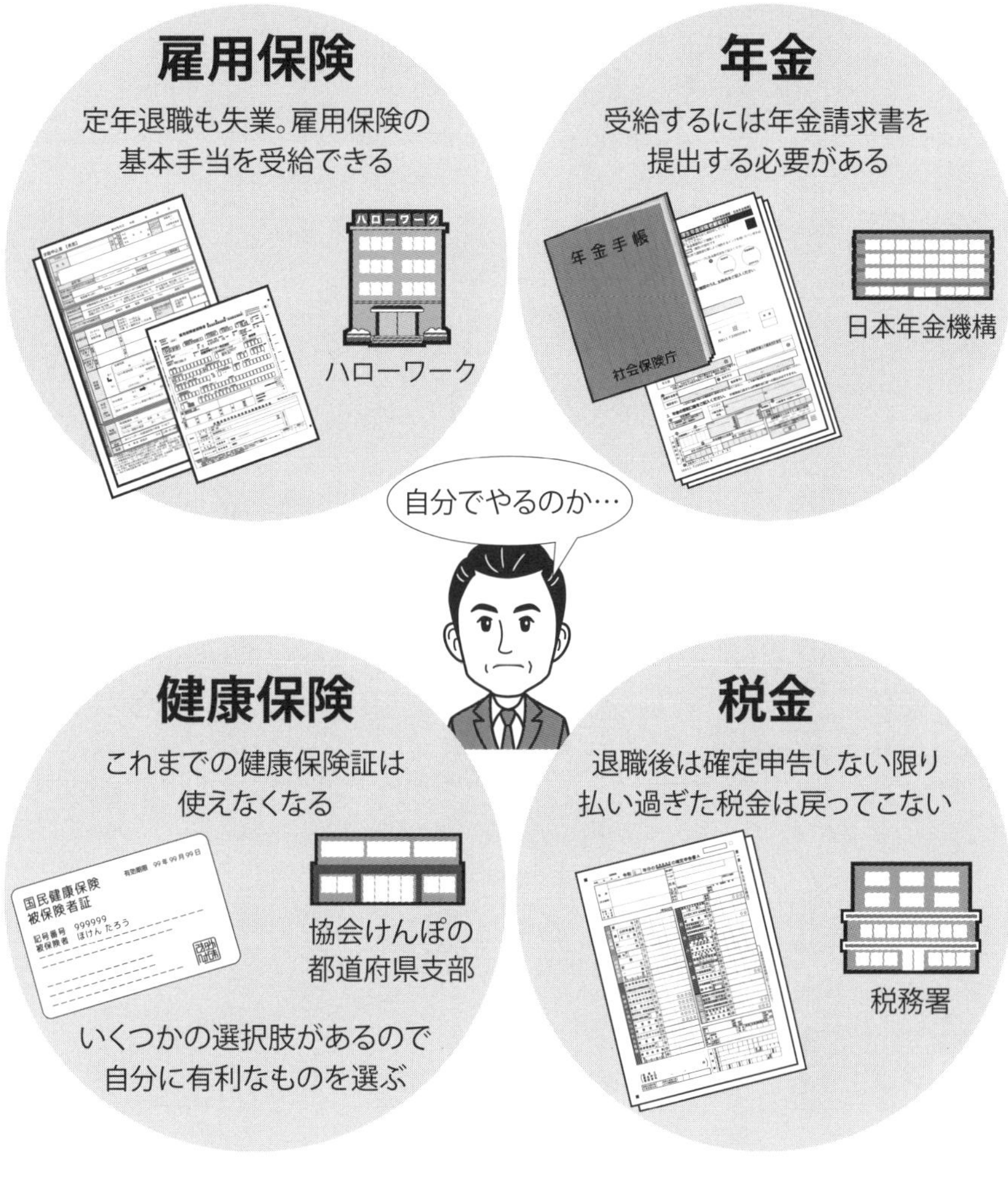

雇用保険
定年退職も失業。雇用保険の
基本手当を受給できる
ハローワーク
ハローワーク
年金
受給するには年金請求書を
提出する必要がある
年金手帳
社会保険庁
日本年金機構
自分でやるのか…
健康保険
これまでの健康保険証は
使えなくなる
国民健康保険
被保険者証
協会けんぽの
都道府県支部
いくつかの選択肢があるので
自分に有利なものを選ぶ
税金
退職後は確定申告しない限り
払い過ぎた税金は戻ってこない
税務署

任せにできるという意味では、自分で経理や労務をしなければならない自営業者と違って、会社勤めの会社員は、気楽な稼業です。

定年後の手続きは主に４つ

気楽な稼業といっていられるのは、現役の会社員でいる間の話であって、会社を退職したら、いろいろな手続きを自分でやらなくてはなりません。

退職後に必要となる手続きのうち、主なものは、雇用保険、年金、健康保険、税金の４つです。これらはすべて行政に対する手続きですから、「〇日以内に」という期限が決まっているものが多くあり、**「知らなかった」では済まされません**。「いつまでに・どこへ」を意識して、もれなく手続きすることが求められます。

それでも自分でやるには難しく感じる手続きもあることでしょう。そんなときは、社労士や税理士などの専門家に相談することです。

1章－2
定年前の**準備**をする

もらえる年金額を知ろう
一度は年金事務所に行こう

年金相談に行く

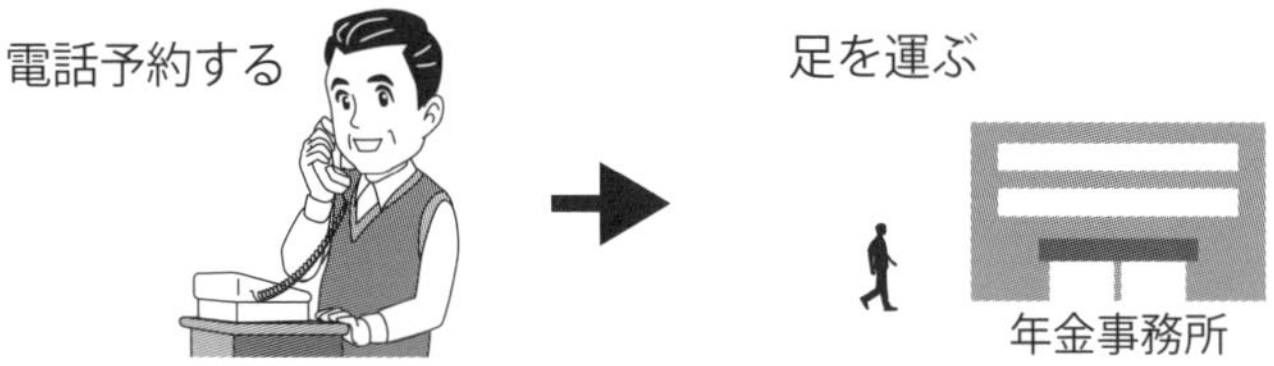
電話予約する
足を運ぶ
年金事務所

予約をしないと…

年金事務所はけっこう混んでいるもの。
予約なしで出向くと、長時間待たされることもある。

予約の方法

年金事務所は全国312か所
日本年金機構

来訪相談予約受付専用電話（ナビダイヤル）
0570-05-4890

受付時間：平日（月～金曜日）8:30～17:15
※土曜日、日曜日、祝日、12月29日から１月３日は利用できない

年金事務所でできること

- 年金給付に関する請求や各種変更手続き
- 「基礎年金番号通知書」「年金証書」などの再発行
- 年金相談や各種通知に関する問い合わせなど

このほか、事業所からの健康保険・厚生年金保険に関する届け出の受付なども行っている

もらえる年金額を正確に把握しておこう

年金額を知りたい場合は、年金事務所もしくは街角の年金相談サービスセンターの相談窓口を利用することになります。ほかにも**「ねんきんネット」**（48ページ参照）というインターネットを利用した確認方法もあります。

単に、自分がもらえる年金額を知りたいだけなら、「ねんきんネット」のサービスを利用すればいいのですが、年金に関して相談したいことがある人は、面倒でも定年前に一度は年金事務所を訪れることをおすすめします。

特に、会社員として勤続年数が長い人や、60歳以降も（65歳以降も）働き続ける人は、**在職老齢年金**の仕組み（54ページ参照）などに

ポイント

もらえる年金額を正確に把握するためには、やはり一度は年金事務所に足を運ぼう

事前の準備

電話予約のときは自分の**「基礎年金番号」**が必要

基礎年金番号通知書や年金手帳に書いてある

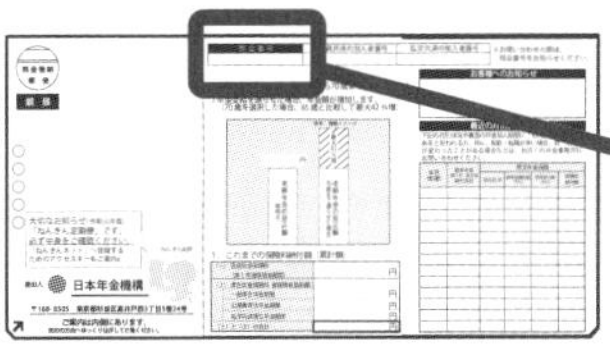

「ねんきん定期便」に書いてある**「照会番号」**から問い合わせることができる

年金手帳が青色以外の人の場合は…
・基礎年金番号通知書
・国民年金保険料の口座振替額通知書
・国民年金保険料の納付書、領収書
・年金証書
などで確認できる

持っていくものリスト

□ 基礎年金番号がわかる書類

□ 本人確認ができる書類（個人番号カード・運転免許証など）

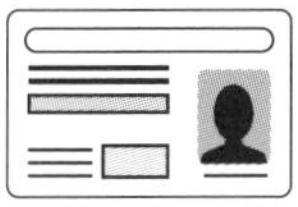

必要に応じて持っていく必要があるもの

□ 雇用保険被保険者証

□ 妻の基礎年金番号がわかる書類

ついて、今後の年金のもらい方や働き方のアドバイスをしてくれます。

　年金事務所での相談は無料です。遠慮せずに、年金に関する疑問・質問を相談員にぶつけてみましょう。

相談は全国どこの年金事務所でもできる

　最近は、行政サービスの一環として市役所等で年金相談が開催されたり、銀行等の金融機関が年金相談を行ったりしています。

　しかしながら、こういう場所での年金相談は、ごく一般的な相談しかできないと思った方がいいです。例えば、「自分のもらえる正確な年金額を教えてほしい」といってみても、加入記録や標準報酬などの情報がわからないため、答えてくれません。「詳しいことは年金事務所に行って聞いてみてください」といわれます。

　やはり、正確な情報を知りたかったら、年金事務所へ行きましょう。全国どこの年金事務所でも相談できます。待ち時間のない、予約相談がおすすめです。

会社員の妻でなくなると…妻の年金記録には要注意!!

国民年金の被保険者
職業によって３つの種別に分けられる
種別
第１号被保険者
第２号被保険者
第３号被保険者
自営業者など
会社員・公務員など
会社員の妻など
女性の種別
第１号被保険者
第２号被保険者
第３号被保険者
自営業者の妻
保険料負担あり
会社員・公務員
保険料負担あり
会社員の妻
保険料負担なし
届け出が必要
保険料未納扱いにならないように注意しよう

会社員の妻は国民年金第3号被保険者

国民年金の第2号被保険者である会社員の妻（扶養されている20歳以上60歳未満の配偶者）は、国民年金の**第3号被保険者**に該当します。第3号被保険者は、国民年金の保険料を納付しなくてもいいことになっているわけですが、そのためには夫の勤務先に**「国民年金第3号被保険者関係届」**を提出する必要があります。

女性の種別《しゅべつ》は、就職、結婚、退職、再就職そして夫の退職に伴って、目まぐるしく変わります。会社員の妻であったときに、夫の勤務先で「国民年金第3号被保険者関係届」の提出をしましたか？

この届け出が相当期間（2年以上）遅れた場合は、この期間（未届期間）は保険料

ポイント

会社員の夫が退職すると妻は第3号被保険者ではなくなる

妻が未納にならないための届け出

会社勤めだった妻が退職して専業主婦になった

第２号被保険者の配偶者（妻）で
第3号被保険者に該当する者

となるので

↓

夫の勤務先に

「国民年金第３号被保険者関係届」→

を提出する

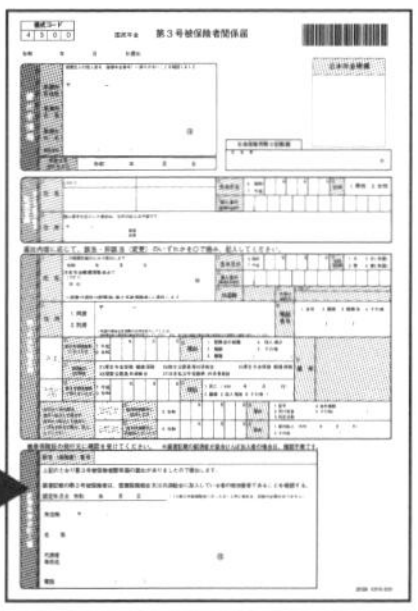

※実際の書類は色がついています

【ケーススタディー】

夫

就職　会社員（第２号）

妻は第２号被保険者から
第３号被保険者になるので　**この時点で届け出が必要**

妻

就職　第２号　結婚退職　第３号

届け出をしなかったら…　この期間は **「未納」扱い** になってしまう

未納《みのう》扱いとなります。

第3号から第1号への切り替えも要注意

第3号被保険者関係届の届け出もれは、保険料の未納となり、妻の将来の年金に悪影響を及ぼします（最悪、年金がもらえない）。

ただし、受給資格算入期間、老後の年金を受給するために必要な月数（10年＝120月）としてはカウントされますが、この期間は保険料を納付していないため、年金額には反映されません。

それから、夫が会社を退職すると、妻は第3号被保険者ではなくなります。妻が年下の場合で、夫の退職時に60歳未満の妻は、60歳になるまで第1号被保険者として自分の年金保険料を納めることになります。もし第3号から第1号への切り替えの届け出が遅れて、未納期間が発生した場合は、**「特定期間該当届」**を年金事務所に提出することで、未納期間を年金を受取るための受給資格期間に算入されます。

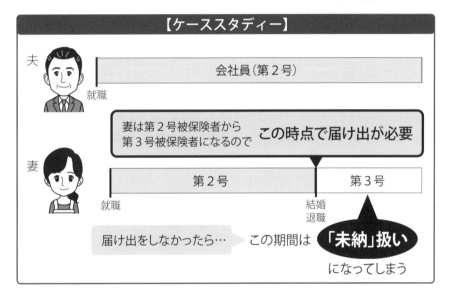

1章－4
定年前の**準備**をする

60歳はまだまだ若い！ 65歳まで働いて年金を増やす

働き続けることが大事

年金が支給される65歳までは働きたいな
高齢者の約4割がいつまでも働きたいと考えている
年金
この期間も
働きたい人のために…
65歳
60歳
1.60歳未満の定年禁止
会社が従業員の定年を定める場合は、定年年齢を60歳以上とする
（高年齢者雇用安定法第８条）
従業員が65歳になるまでの
安定した雇用を確保するためです
2.65歳までの雇用確保措置
定年年齢を65歳未満に定めている会社は、次の３つのうちいずれかの措置を講じなければならない
①65歳までの定年の引き上げ
②65歳までの継続雇用制度の導入
③定年の廃止
2021（令和３）年４月施行の改正高年齢者雇用安定法では、70歳まで働ける機会を設けることが、企業の努力義務とされている。

65歳までの安定した雇用確保は会社の義務

一時代前に比べたら、今どきの60歳は若いという印象を受けます。定年の年齢を迎えても、健康面での不安がなければまだまだバリバリ働ける年齢です。

令和5年版高齢社会白書によると、現在収入のある仕事をしている60歳以上の人の約4割が「働けるうちはいつまでも」働きたいと回答しており、男性は60代後半でも全体の半数以上が働いているといいます。

実際、何歳まで働くかは個々人の事情によりますが、高年齢者等の雇用の安定等に関する法律（以下、高年齢者雇用安定法）という法律に基づき、事業主は65歳までの雇用確保（義務）に加え、65歳から70歳までの就業機会を確保するため、高年齢者就

ポイント

できれば65歳になるまで働き続けて年金受給額のアップにつなげよう

65歳までの高年齢者の雇用状況

うちの会社にもありそう!

従業員21~300人の企業		従業員301人以上企業	
定年制の廃止	4.2%	定年制の廃止	0.6%
定年の引上げ	26.2%	定年の引上げ	16.1%
継続雇用制度の導入	69.6%	継続雇用制度の導入	83.3%

66歳以上まで働ける制度のある企業の状況

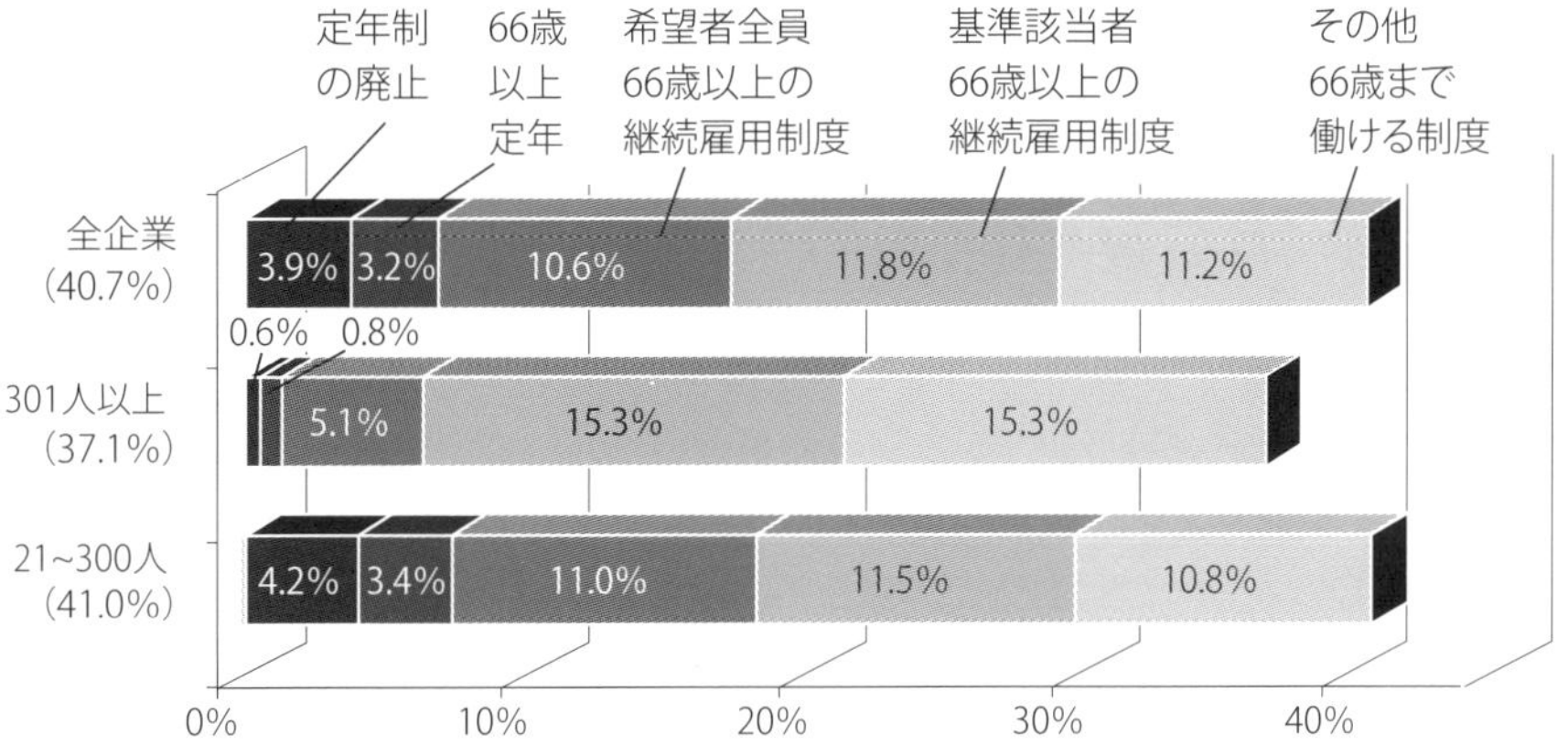

定年制の廃止
66歳以上定年
希望者全員66歳以上の継続雇用制度
基準該当者66歳以上の継続雇用制度
その他66歳まで働ける制度
全企業（40.7%）
3.9%
3.2%
10.6%
11.8%
11.2%
0.6%
0.8%
301人以上（37.1%）
5.1%
15.3%
15.3%
21~300人（41.0%）
4.2%
3.4%
11.0%
11.5%
10.8%
0%
10%
20%
30%
40%

働き続けられる環境は整っている

（厚生労働省・令和４年「高年齢者雇用状況 等報告」集計結果より）

業確保措置として、

①　70歳までの定年引き上げ
②　定年制の廃止
③　70歳までの継続雇用制度（再雇用制度・勤務延長制度）の導入（特殊関係事業主に加えて、他の事業主によるものを含む）
④　70歳まで継続的に業務委託契約を締結する制度の導入
⑤　70歳まで継続的に以下の事業に従事できる制度の導入（a，事業主が自ら実施する社会貢献事業、b，事業主が委託、出資（資金提供）等する団体が行う社会貢献事業）

のいずれかの措置を講ずる努力義務を課せられています。

継続雇用制度を利用して65歳・70歳まで働く

高年齢者雇用確保措置のうち、多くの企業で採用しているのは「継続雇用制度」です。60歳以降の働き方としては、新しい会社に再就職するよりも、慣れた職場と人間関係の下で働き続けるのが無難な選択ではないでしょうか。

column

年次有給休暇に関する疑問

有給休暇はパートタイマーにも付与される

年次有給休暇とは、労働基準法第39条で労働者に認められた権利であり、これを行使することにより、「賃金が発生する、労働が免除された日」を取得することができます。労働基準法上、6カ月間継続勤務し、その間の出勤率が8割以上である人に10日間付与され、その後は勤続年数に応じて付与されていきます。

また、有給休暇は正社員、パートタイマーなどの区分なく、一定の要件を満たしたすべての労働者に対して付与されます。もちろん、定年後に短時間労働者として働いた場合も比例付与《ひれいふよ》されます。

年次有給休暇の付与日数

①通常の労働者の付与日数

継続勤務年数（年）	0.5	1.5	2.5	3.5	4.5	5.5	6.5以上
付与日数（日）	10	11	12	14	16	18	20

②週所定労働日数が４日以下かつ週所定労働時間が30時間未満の労働者の付与日数

	週所定労働日数	１年間の所定労働日数	継続勤務年数（年）※						
			0.5	1.5	2.5	3.5	4.5	5.5	6.5以上
付与日数（日）	4日	169～216日	7	8	9	10	12	13	15
	3日	121～168日	5	6	6	8	9	10	11
	2日	73～120日	3	4	4	5	6	6	7
	1日	48～72日	1	2	2	2	3	3	3

※週以外の期間によって労働日数が定められている場合

定年退職後の再雇用で有給休暇はどうなる？

定年後も同じ会社で再雇用（継続勤務）された場合、定年前に付与された有給休暇の日数は繰り越せるのでしょうか？

結論を先に言うと、継続勤務しているという実態があれば、継続勤務年数は通算され、有給休暇の日数も繰り越されます。ただし、退職と再雇用との間に相当期間があり、客観的に労働関係が途切れていると認められる場合は、継続勤務とは認められません（旧労働省行政解釈昭和63年3月14日基発第150号）。

2章

雇用保険の手続き

失業しなくてももらえる給付がある
いろいろある雇用保険の給付

雇用保険の概要

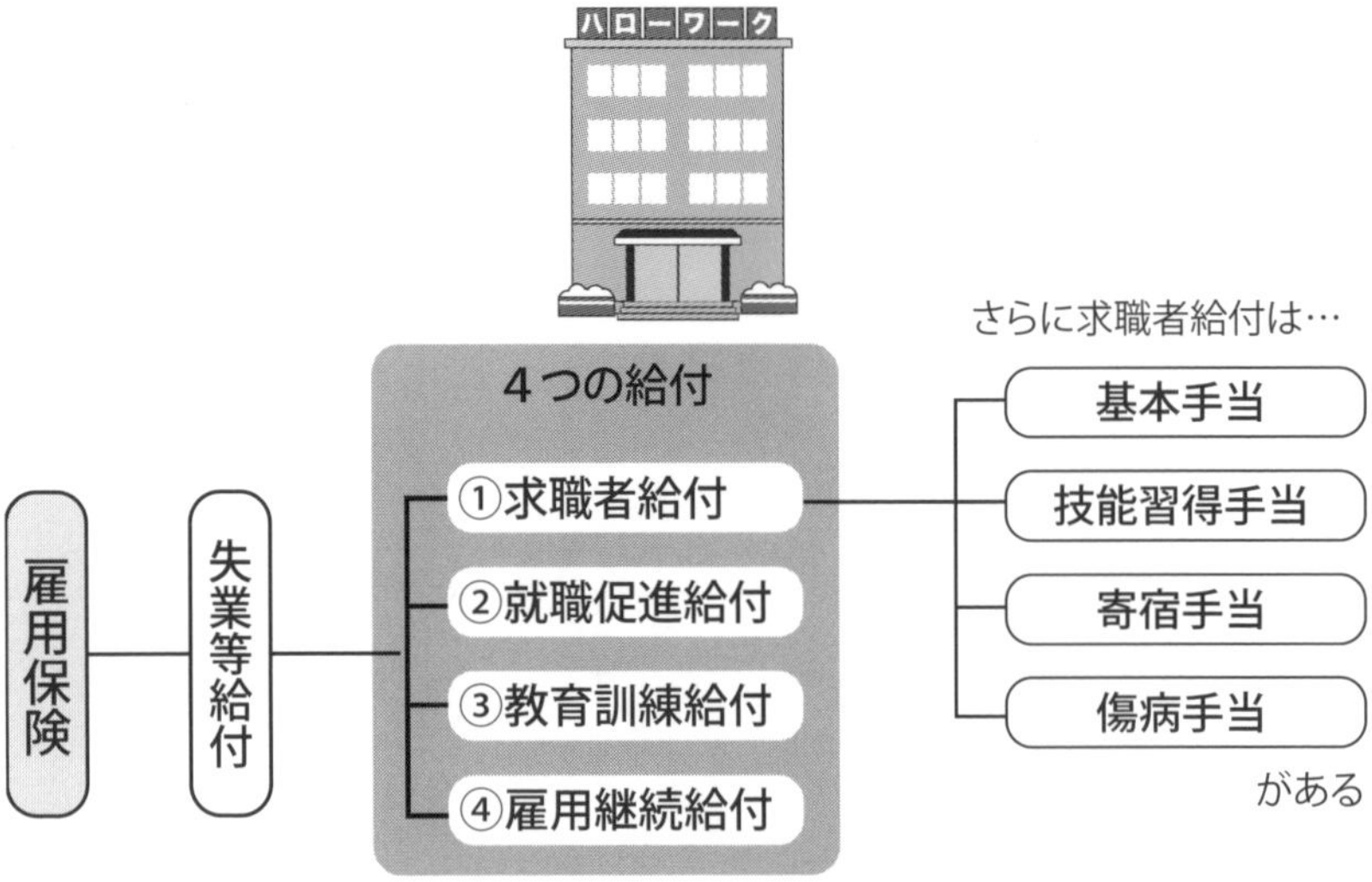
ハローワーク
雇用保険
失業等給付
4つの給付
①求職者給付
②就職促進給付
③教育訓練給付
④雇用継続給付
さらに求職者給付は…
基本手当
技能習得手当
寄宿手当
傷病手当
がある

こんな求職者給付もある

高年齢求職者給付金
65歳を過ぎた被保険者が受取れる

特例一時金
基本手当を受取ることができない季節的な雇用者などが受取れる

日雇労働求職者給付金
日々雇用される人が失業した場合に受取れる

かつては失業保険と呼ばれていた雇用保険

会社を辞めた後は、たいていの人は無収入になるわけで、雇用保険のお世話になることでしょう。

よく「失業保険をもらう」といわれますが、もともと雇用保険の前身が失業保険だったこともあり、いまだに雇用保険＝失業保険のイメージを持ってしまうのも仕方がないのかもしれません。

ちなみに、失業保険法は1974（昭和49）年の雇用保険法の創設に伴って廃止されました。雇用保険法は、何度か法改正され今日に至っています。余談になりますが、公共職業安定所の愛称であるハローワークは公募で決まったものであり、1990（平成2）年から使われています。いまでは、

ポイント

資格や免許の取得を考えているなら教育訓練給付をもらおう

高年齢雇用継続給付

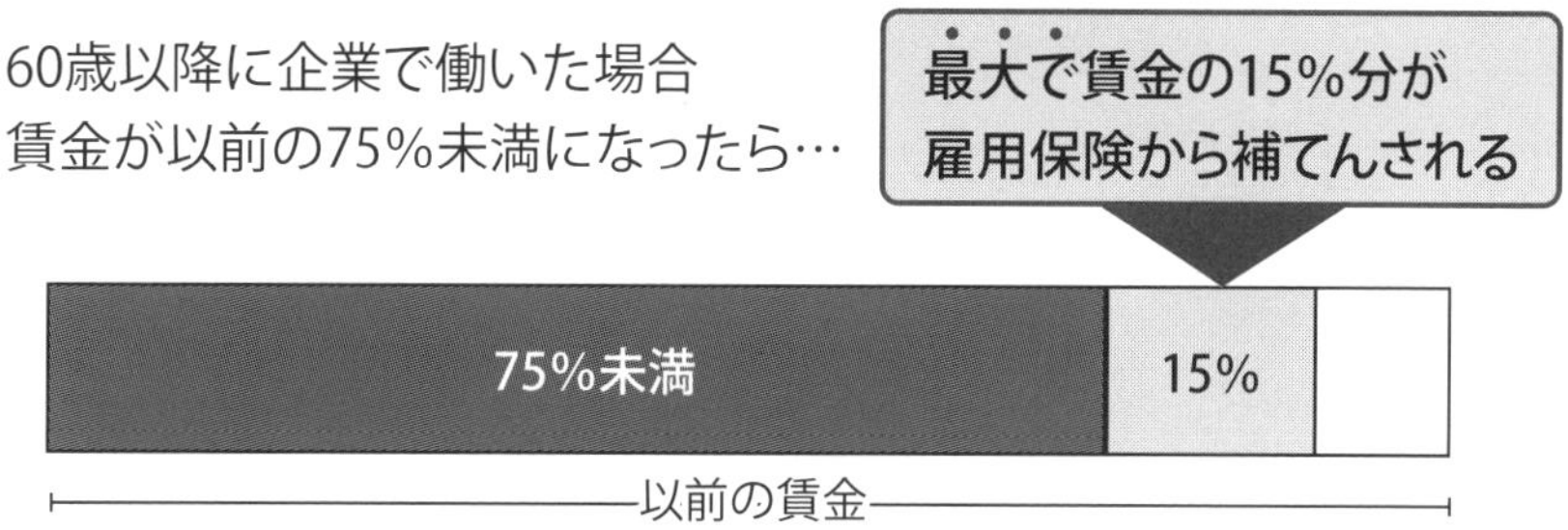
60歳以降に企業で働いた場合
賃金が以前の75％未満になったら…
最大で賃金の15％分が
雇用保険から補てんされる
75％未満
15％
以前の賃金

給付の種類は２つ

高年齢雇用継続基本給付金	高年齢再就職給付金
ずっと同じ会社で働き続ける人がもらえる	60歳以降に一度会社を退職し、再就職した人がもらえる

給付金をもらうには次の要件をすべて満たす必要あり

①60歳以上65歳未満の一般被保険者であること
②被保険者であった期間が5年以上あること
③原則として60歳時点と比較して、60歳以後の賃金が60歳時点の75％未満となっていること
④高年齢再就職給付金については、再就職日の前日における基本手当の支給残日数が100日以上あること

職安というよりも**ハローワーク**の呼称の方が定着している感があります。

失業以外の保険給付も充実している

　名称が変わったとはいえ、雇用保険のメインは、失業したときに支給される保険給付（**失業等給付**といいます）であることに変わりありません。

　雇用保険は、定年退職も含んで〝失業したときにもらうもの〟という認識で大筋間違いないのですが、現在は法的な整備が進んでおり、失業以外にも実にさまざまな給付制度がラインアップされていて、労働者の生活および雇用の安定を図っています。

　なかでも、60歳前後の人が知っておくべき保険給付が**高年齢雇用継続給付**（高年齢雇用継続基本給付金・高年齢再就職給付金）です。詳しい内容は34・35ページで説明しますので、概要をつかんでください。ほかにも、**教育訓練給付**は利用を考えてみたい保険給付の一つです。一般教育訓練の場合、受講費用の20％（上限10万円）が給付されます。

2章－2
雇用保険の手続き

基本手当受給の手続き

何はともあれ住所地のハローワークへ行こう

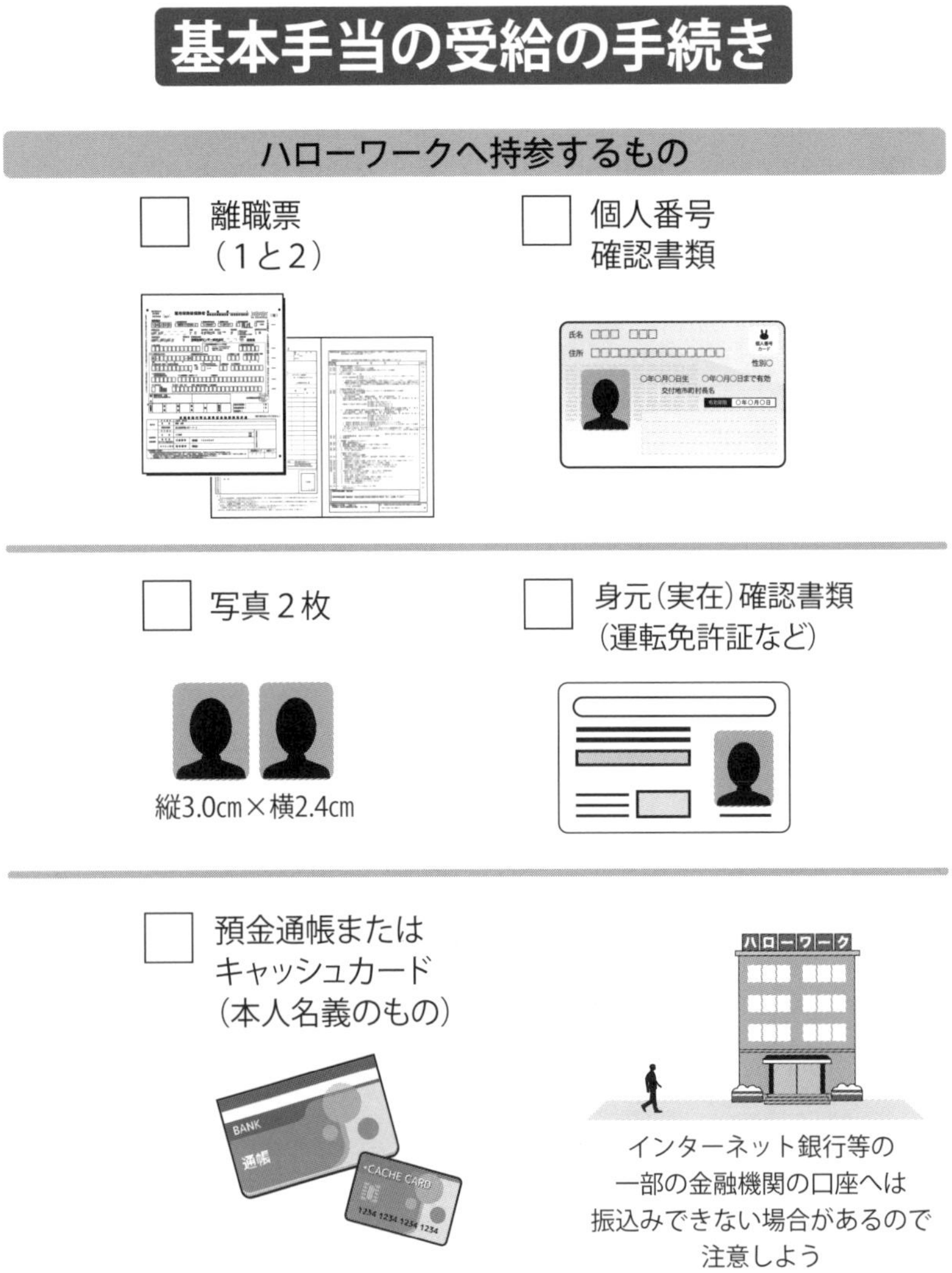

基本手当の受給の手続き
ハローワークへ持参するもの
離職票（1と2）
個人番号確認書類
写真2枚
縦3.0㎝×横2.4㎝
身元（実在）確認書類（運転免許証など）
預金通帳またはキャッシュカード（本人名義のもの）
BANK
通帳
CACHE CARD
1234 1234 1234 1234
ハローワーク
インターネット銀行等の一部の金融機関の口座へは振込みできない場合があるので注意しよう

会社員が失業した場合は基本手当をもらう

前項で説明したように、雇用保険は、失業中の生活の安定を図るとともに、求職活動を容易にすることを目的とした保険制度です。

ですので、失業となった場合は、失業等給付のうちの求職者給付、フルタイムで働いていた会社員（一般被保険者）であれば**「基本手当」**をもらうことになります。一般的に、失業したら雇用保険をもらうといった場合は、この基本手当のことを指しています。

ハローワークへ行って求職の申込みをする

雇用保険も公的な保険制度ですから、

ポイント

定年退職後はハローワークへ行き
雇用保険の基本手当の受給手続きをしよう

雇用保険の被保険者の種類

あなたの会社は雇用保険の適用事業所

（適用事業）雇用保険法　第５条１項
この法律においては、労働者が雇用される事業を適用事業とする。

※原則として、労働者が１人でも雇用される事業は、雇用保険の強制適用事業とされる。

雇用保険の被保険者は４種類

①一般被保険者

一般的な会社員

②高年齢被保険者

65歳以上の雇用保険加入者

③短期雇用特例被保険者

季節的に雇用される人

④日雇労働被保険者

日々雇用される人

黙っていては何も支給されません。

失業保険（基本手当）をもらうには、手続きが必要です。申請のやり方は割と簡単です。転職の経験があり、かつて基本手当を受給したことがある人は、当時のことを思い出してください。定年退職後の手続きも、大きな違いはありません。

まず、定年退職したら、**離職票**を会社からもらいます。離職票は、いまの会社での勤務状況や賃金の状況、退職理由などについて、会社が書き込んだ書面です。勤続何年か、給与をいくらもらっていたか、会社を辞めることになった理由について、事実と相違ないか、よく確認しましょう。

トラブルになりがちなのは退職理由。自己都合退職と会社都合退職では、基本手当のもらい方が変わってきます。自己都合退職では、７日間の待期期間に加えて、２カ月の給付制限がかかりますので、気を付けたいところです。

退職後は、離職票を住所地を管轄するハローワークへ提出し、求職の申込みをして、**受給資格**の認定を受けるという手順になります。

2章－3
雇用保険の手続き

基本手当をもらうための要件とは？

【基本手当①】受給資格

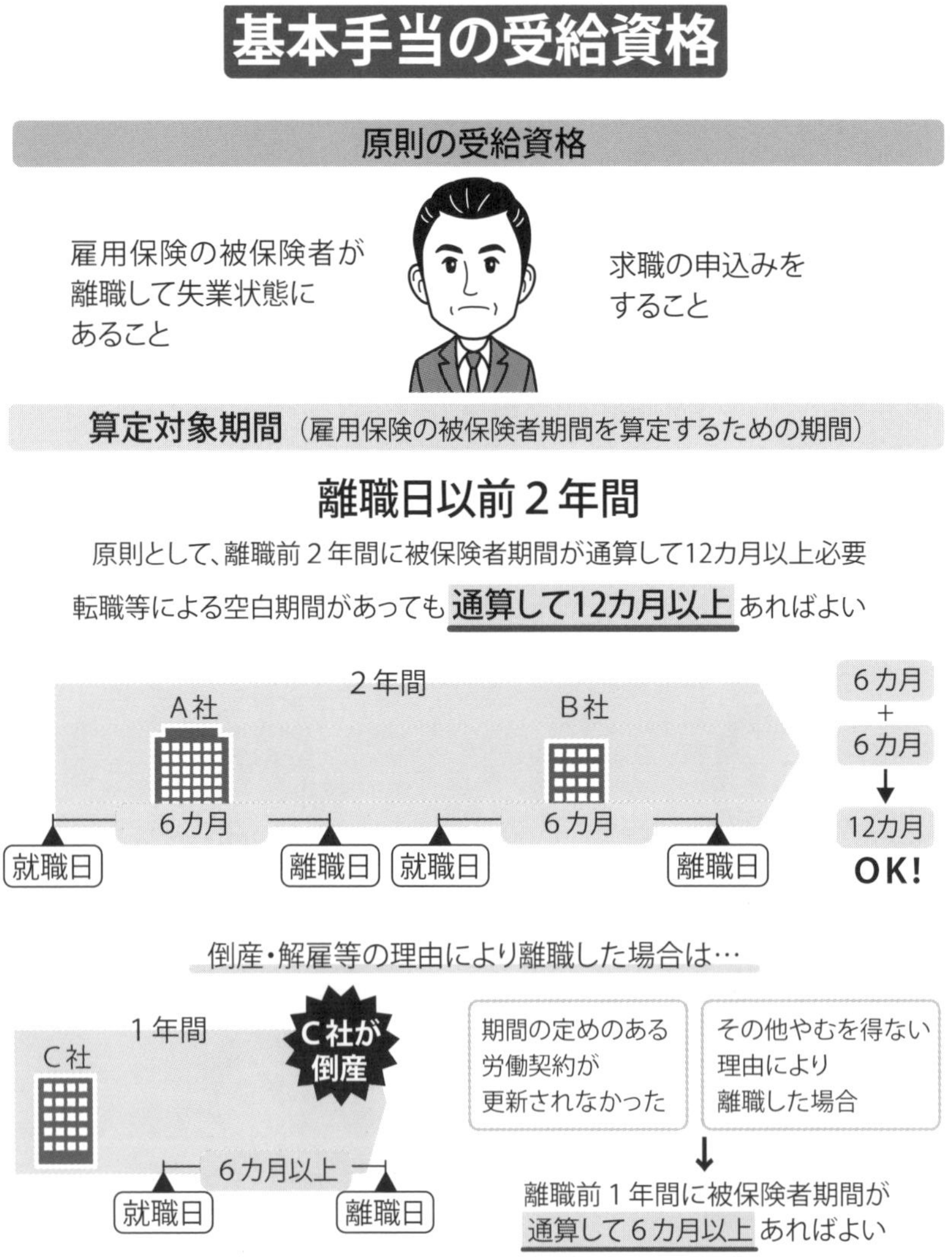
基本手当の受給資格
原則の受給資格
雇用保険の被保険者が離職して失業状態にあること
求職の申込みをすること
算定対象期間（雇用保険の被保険者期間を算定するための期間）
離職日以前２年間
原則として、離職前２年間に被保険者期間が通算して12カ月以上必要
転職等による空白期間があっても通算して12カ月以上あればよい
２年間
A社
B社
６カ月
６カ月
就職日
離職日
就職日
離職日
６カ月
＋
６カ月
12カ月
OK!
倒産・解雇等の理由により離職した場合は…
１年間
C社
C社が倒産
６カ月以上
就職日
離職日
期間の定めのある労働契約が更新されなかった
その他やむを得ない理由により離職した場合
離職前１年間に被保険者期間が通算して６カ月以上あればよい

基本手当の受給資格とは？

基本手当の支給を受けることができる資格を**受給資格**といい、受給資格がある人を受給資格者といいます。

では、受給資格とはどんな要件を満たせばいいのか？ まずは基本的なことを押さえておきましょう。

基本手当は、被保険者が失業した場合において、離職の日以前2年間（算定対象期間）に、被保険者期間が通算して12カ月以上であったときに支給すると、条文（雇用保険法第13条）に書いてあります。

条文の中に出てくる算定対象期間と被保険者期間、その違いが素人にはわかりづらいところですが、会社を辞めた人がすべて受給資格者となるわけでありません。

ポイント

基本手当の受給には、直近2年間に通算12カ月以上の被保険者期間が必要

そもそも失業とは?

働きたいという積極的な意思があり、
就職できる能力があるにもかかわらず、
職業に就くことができない状態

を"失業"という

働く意思がない

働く能力がない

失業の認定がされない

求職活動をする

ハローワークの窓口での職業相談や職業紹介を受けるなど
求職活動をしなければ基本手当は支給されない

転職しても直近2年間に12カ月あればいい

算定対象期間とは、受給資格の有無を判断するために、被保険者期間を算定する期間のことです。

要するに、算定対象期間（2年間）に、被保険者期間が12カ月以上あれば受給資格を満たしているという理解でいいでしょう。被保険者期間とは、雇用保険の保険料を納めた期間、毎月の給与から天引きされていた保険料が12カ月分以上あれば大丈夫です。

ということは、いまの会社に12カ月（1年間）勤めていれば、受給資格があるので、基本手当がもらえます。現在勤めている会社で無事に定年を迎える人は、多くの場合、受給資格を満たしていると思われます。

それから、覚えておいてほしいのが〝通算して〟12カ月の部分。例えば、ここ2年間のうちにA社に6カ月、B社に6カ月勤めていた場合でも、6カ月＋6カ月＝12カ月になるので、ぎりぎり受給資格を満たします。転職したらリセットされるわけではありません。

2章－4
雇用保険の手続き

退職したらすぐにもらえるか 【基本手当②】いつからもらえる？

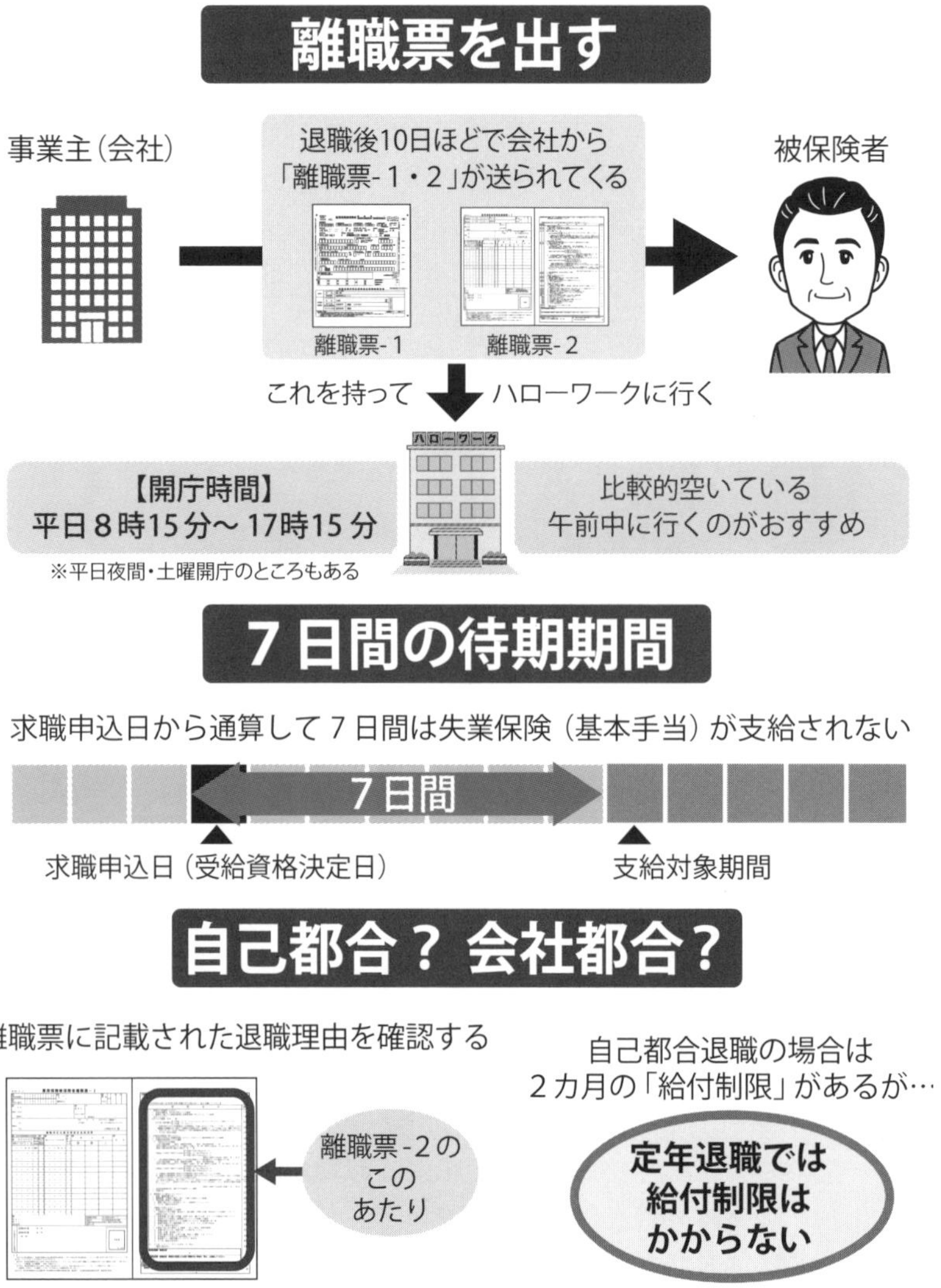

離職票を出す
事業主（会社）
退職後10日ほどで会社から「離職票-1・2」が送られてくる
被保険者
離職票-1
離職票-2
これを持って　ハローワークに行く
ハローワーク
【開庁時間】
平日８時15分～17時15分
※平日夜間・土曜開庁のところもある
比較的空いている午前中に行くのがおすすめ
７日間の待期期間
求職申込日から通算して７日間は失業保険（基本手当）が支給されない
７日間
求職申込日（受給資格決定日）
支給対象期間
自己都合？ 会社都合？
離職票に記載された退職理由を確認する
離職票-2のこのあたり
自己都合退職の場合は２カ月の「給付制限」があるが…
定年退職では給付制限はかからない

求職申込み後の7日間は待期期間

失業保険（基本手当）をもらえるか、もらえないかは**「働く意思と能力」**の有無がポイントです。

「働く意思と能力」があるなら、離職後は住所地を管轄する公共職業安定所（ハローワーク）へ行き、離職票の提出・求職の申込みを行います。被保険者期間などの基本手当を受けるための要件を満たしていれば、受給資格者と認定されます。

その後、**7日間**の待期期間があります。基本手当は、失業状態にあった日が通算して7日に達していない間は支給されません。

定年退職なら2カ月の給付制限はなし

ポイント

定年退職の場合は 2カ月の給付制限がかからない

求職申込書

ハローワークに行ったら、求職申込書を提出して、求職申込み手続きを行う

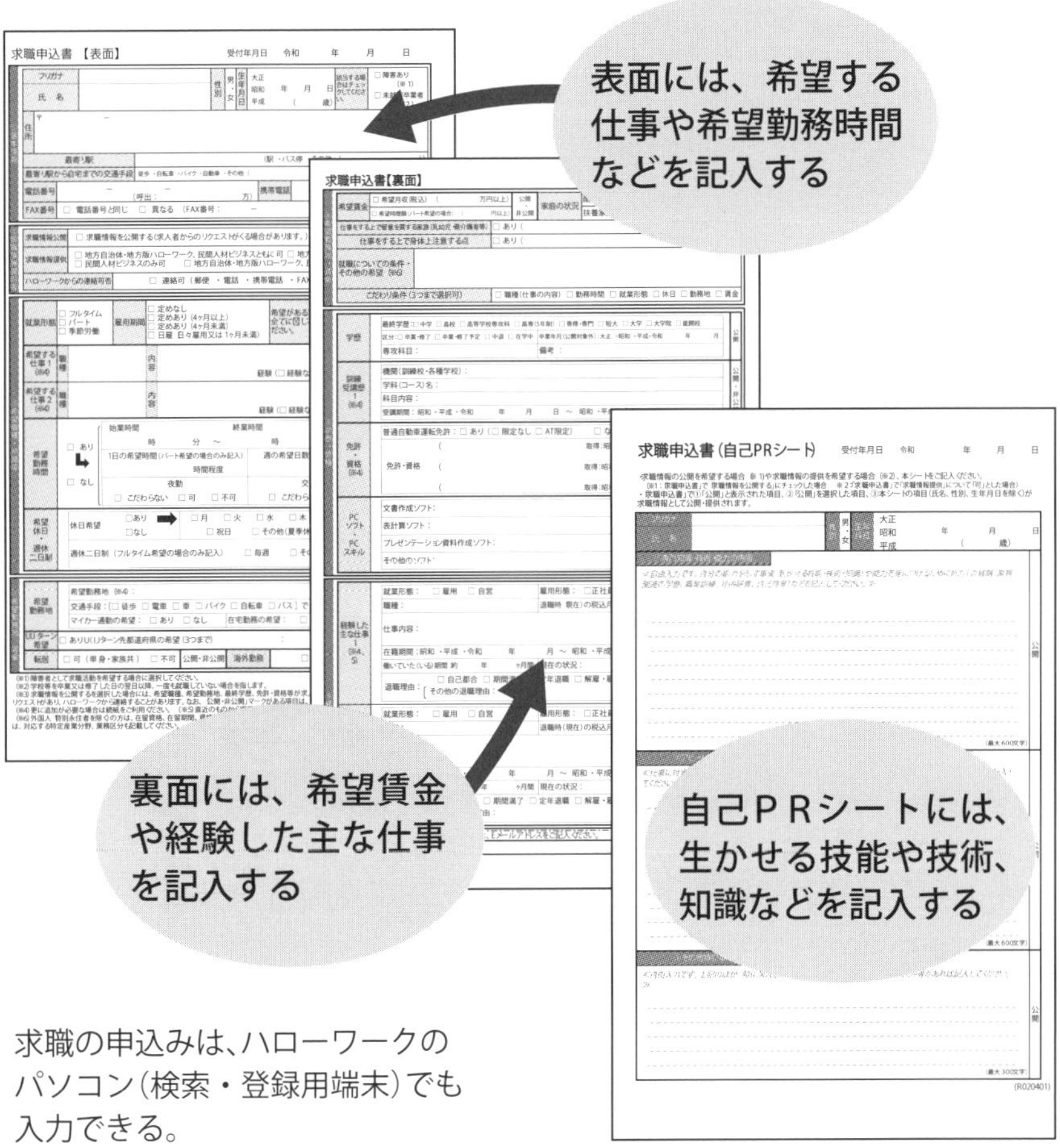
求職申込書【表面】
求職申込書【裏面】
求職申込書(自己PRシート)
表面には、希望する仕事や希望勤務時間などを記入する
裏面には、希望賃金や経験した主な仕事を記入する
自己ＰＲシートには、生かせる技能や技術、知識などを記入する

求職の申込みは、ハローワークのパソコン（検索・登録用端末）でも入力できる。

会社を辞める場合は、①会社都合と②自己都合の2つがあります。会社都合とは、勤め先の倒産等の理由で離職を余儀なくされたものをいいます。

一方の自己都合は〝自分の都合〟で辞めるというもの。「一身上の都合により～」という辞表（退職届・退職願）を出して、退職するような辞め方が自己都合退職の典型例といえます。

自己都合で離職した場合は、7日間の待期に加えて、2カ月間は基本手当が支給されません（**給付制限**という）。転職の経験がある人はご存じかと思いますが、自己都合で会社を辞めると、およそ2カ月は無収入になります。必然的にこの間は貯金を取り崩しての生活になります。

通常、自己都合退職では、2カ月間の給付制限があるものですが、定年退職の場合は、自己都合でも2カ月の給付制限はありません。したがって、待期期間の7日間を経過すれば、**失業認定日**（原則として28日間ごと）ごとに、基本手当を受給できます。

その後は4週間に一度、ハローワークに行き失業の認定を受けます。

【基本手当③】いつまでもらえる？

受給は原則として離職日の翌日から1年間

受給期間

原則として離職した日の翌日から１年間

離職日
離職日の翌日
待期
基本は１年間
受給期間
求職申込の日
受給期間の満了日

求職の申込みは速やかに

所定給付日数＝基本手当の支給を受けることができる期間

所定給付日数240日の人の場合

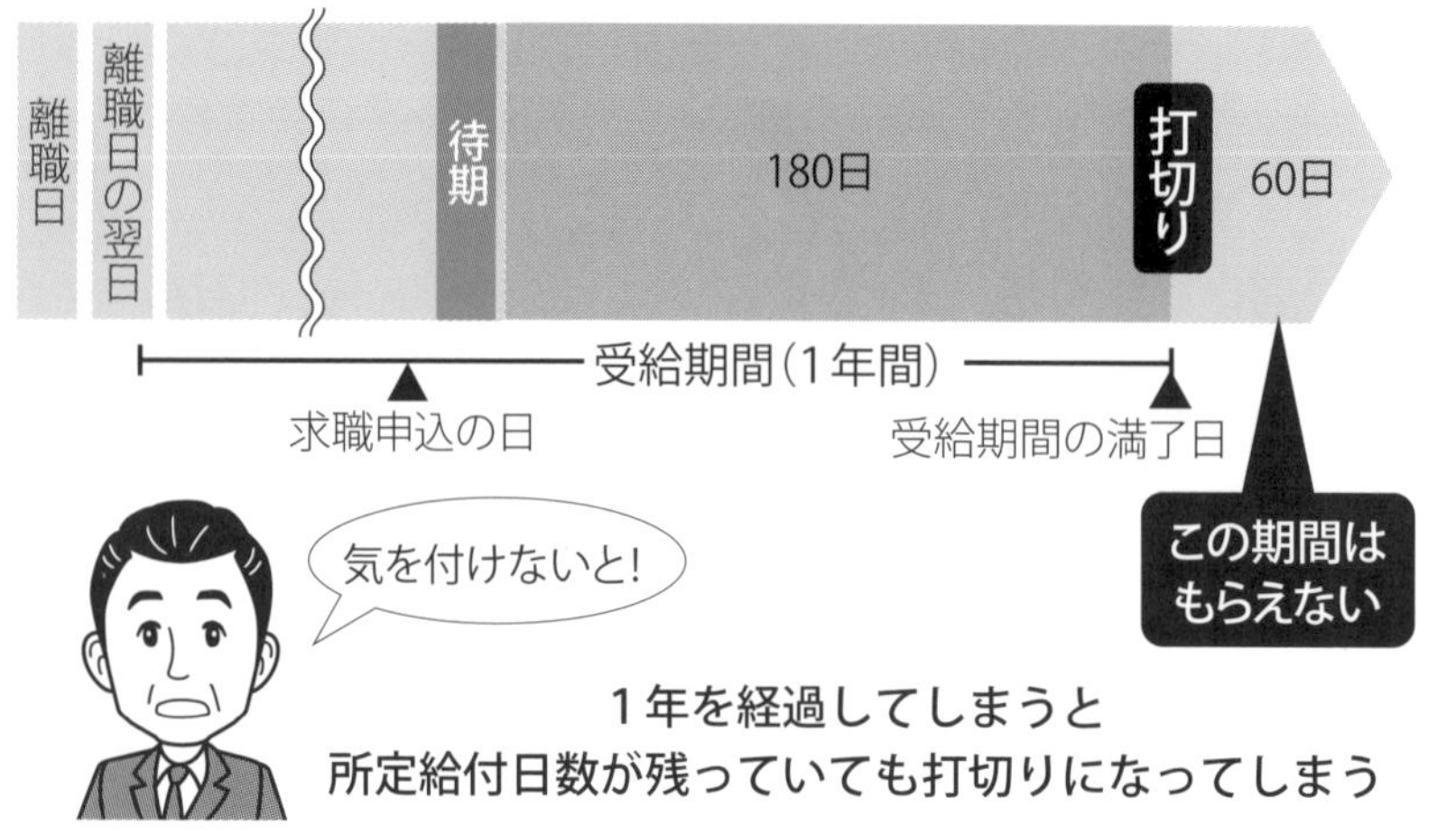
離職日
離職日の翌日
待期
180日
打切り
60日
受給期間（１年間）
求職申込の日
受給期間の満了日
この期間はもらえない
気を付けないと!

１年を経過してしまうと
所定給付日数が残っていても打切りになってしまう

基本手当の受給期間は1年間

基本手当を受給することができる期間は、原則として離職日の翌日から**1年間**と決められています。この期間を**受給期間**といいます。この受給期間の内に、**所定給付日数**を限度に、基本手当が支給されることになります。

勘違いされている人が多いので注意しておきますが、受給期間が1年とは、基本手当が1年間支給され続けるという意味ではなく、受給期間である1年の間は、基本手当を支給しますという意味です。前述のように、所定給付日数が限度ですので、1年経たないうちに、所定給付日数に達してしまったら、そこまでになります。

例えば、所定給付日数が180日の人は、

所定給付日数

①一般の離職者（自己都合・定年等）

被保険者であった期間		
1年以上10年未満	10年以上20年未満	20年以上
90日	120日	150日

②障害者等の就職困難者

身体障害者、知的障害者、精神障害者、保護観察に付された者等

		被保険者であった期間	
		1年未満	1年以上
離職時年齢	45歳未満	150日	300日
	45歳以上65歳未満	150日	360日

③倒産、解雇等による離職者（特定受給資格者および一部の特定理由離職者）

		被保険者であった期間				
		1年未満	1年以上5年未満	5年以上10年未満	10年以上20年未満	20年以上
離職時年齢	30歳未満	90日	90日	120日	180日	―
	30歳以上35歳未満		120日	180日	210日	240日
	35歳以上45歳未満		150日		240日	270日
	45歳以上60歳未満		180日	240日	270日	330日
	60歳以上65歳未満		150日	180日	210日	240日

ポイント

再就職を考えているのなら基本手当の受給手続きを早めに行おう

１８０日が限度です。つまり、１８０日分の基本手当を受取った時点で、基本手当の支給は終了ということです。

求職の申込みが遅れると基本手当が満額もらえない場合もある

受給期間である1年を過ぎてしまうと、たとえ所定給付日数分の基本手当を受給していなくても、それ以後、基本手当は支給されません。1年間もあるのだから、もらえる基本手当はすべて受給できるだろうと考えてしまいがちですが、受給期間は離職日の翌日から1年間であることを忘れてはいけません。ハローワークへ求職の申込みを行った日から1年間ではないのです。

所定給付日数が多い人、給付制限にかかる人などは、離職したら速やかにハローワークに出向いて求職の申込みを済ませておくことです。1年くらいあっという間に過ぎてしまいます。もらい損ねにならないように、求職の申込みをできるだけ早く行うことです。

もらっていた給与の100%は保障されない 【基本手当④】いくらもらえる？

基本手当はいくら？

賃金日額 × 給付率 ＝ 基本手当日額（基本手当の1日あたりの額）

賃金日額＝被保険者期間として計算された最後の６カ月期間に支払われた賃金の総額 ÷ 180

これが「基本手当日額」の算定の基礎となる

離職時の年齢と賃金日額・給付率・基本手当日額

離職時の年齢 45～59歳

賃金日額	給付率	基本手当日額
2,746円以上 5,110円未満	80%	2,196 ～4,087円
5,110円以上 12,580円以下	80～50%	4,088 ～6,290円
12,580円超 16,980円以下	50%	6,290 ～8,490円
16,980円(上限額)超	ー	8,490円(上限額)

離職時の年齢 60～64歳

賃金日額	給付率	基本手当日額
2,746円以上 5,110円未満	80%	2,196 ～4,087円
5,110円以上 11,300円以下	80～45%	4,088 ～5,085円
11,300円超 16,210円以下	45%	5,085 ～7,294円
16,210円(上限額)超	ー	7,294円(上限額)

（令和５年８月１日～）

1日あたりの給付額となる基本手当日額

基本手当は、退職する直前の6カ月間に支払われた賃金総額を180で除した1日の賃金日額に、給付率を乗じた**「基本手当日額」**を算出します。この基本手当日額が基本手当の日額ベースになります。

上の表中の給付率を見ればわかるように、45歳以上60歳未満は50～80%、60歳以上65歳未満は45～80%、ちなみに65歳以上は50～80%と決められています。

このように、給付率は年齢や賃金日額によって異なるわけですが、高い人でも80%が最高です。つまり、会社勤めをしていたときにもらっていた給与（賃金）の5～8割程度のお金しか、雇用保険からは支給されないということになります。

ポイント

離職したときの年齢が60～64歳の人は、賃金日額の45～80％が基本手当日額となる

金額の例

勤続年数：25年
退職時の給与：360,000円

の人が

60歳の定年で
退職した場合

①賃金日額を計算する

$$\frac{360{,}000円+360{,}000円+360{,}000円+360{,}000円+360{,}000円+360{,}000円}{180}=12{,}000円$$

賃金日額は12,000円

②基本手当日額を計算する

賃金日額が11,300円を超えている → 給付率は $\frac{45}{100}$

$12{,}000円\times\frac{45}{100}=5{,}400円$

基本手当日額は5,400円

③所定給付日数を確認する

勤続年数が25年で定年退職をしている → 一般の離職者の表を見る

被保険者であった期間		
1年以上10年未満	10年以上20年未満	20年以上
90日	120日	150日

所定給付日数は150日なので5,400円×150日＝810,000円

この人が基本手当をすべてもらった場合、810,000円となる

実態として、従前の給与の6～7割相当額の基本手当を受給する人が多いのではないかと思われます。やはり、雇用保険も〝保険〟ですから、失業して得をすることはないと言えそうです。

64歳で辞めるのは本当に得か？

36ページで説明しますが、65歳以上で退職した場合は、基本手当ではなく**高年齢求職者給付金**の対象になります。基本手当は、65歳未満で退職した人が対象です。

高年齢求職者給付金は、基本手当日額の30日分もしくは50日分の一時金になります。65歳未満も65歳以上も基本手当日額の計算は同じなので、定年・自己都合退職でも最長150日分もらえる基本手当の方が得（64歳で辞めた方が得）という指摘がよくされますが、本当でしょうか？

65歳が定年の会社では、その前に辞めると退職金が減額されるところもあります。64歳で退職を考えている人は、この点をよく確認した上で退職時期を考えるべきです。

2章－7

雇用保険の手続き

充電、休養してから求職活動したいとき

受給期間の延長がある

病気やケガで求職活動ができない場合は受給期間が延長される

基本手当の受給期間は1年間と決められていますが、この期間中にケガや病気、そのほか管轄公共職業安定所長がやむを得ないと認めるなどの理由で、引き続き30日以上職業に就くことができなくなったときは、その期間を受給期間に加算することができます（**受給期間の延長**）。

手続きは、管轄公共職業安定所長にその旨を申し出ます。引き続き30日以上職業に就くことができなくなった日の翌日から延長後の受給期間の最後の日までに「**受給期間延長申請書**」に受給資格者証（または離職票－2）と延長理由を確認できる書類を添えて、ハローワークに提出します。

受給期間の延長

病気やケガ　妊娠・出産・育児　親族の介護　等の理由ですぐに働けない人

↓

「失業の状態」とはいえないため、基本手当を受けることができない

↓

受給期間の延長で対応
（働くことができない日数を加算する）

病気のため3カ月間職業に就くことができない人の場合

離職	当初の受給期間（1年間）		延長される受給期間
	3カ月（病気）		3カ月
	受給不可	受給可能	受給可能

“30日以上”職業に就くことができない

※1週間、10日間といった短い期間では、受給期間の延長は認められない

ポイント

受給期間延長の申し出をすれば最長1年間、受給期間を延長できる

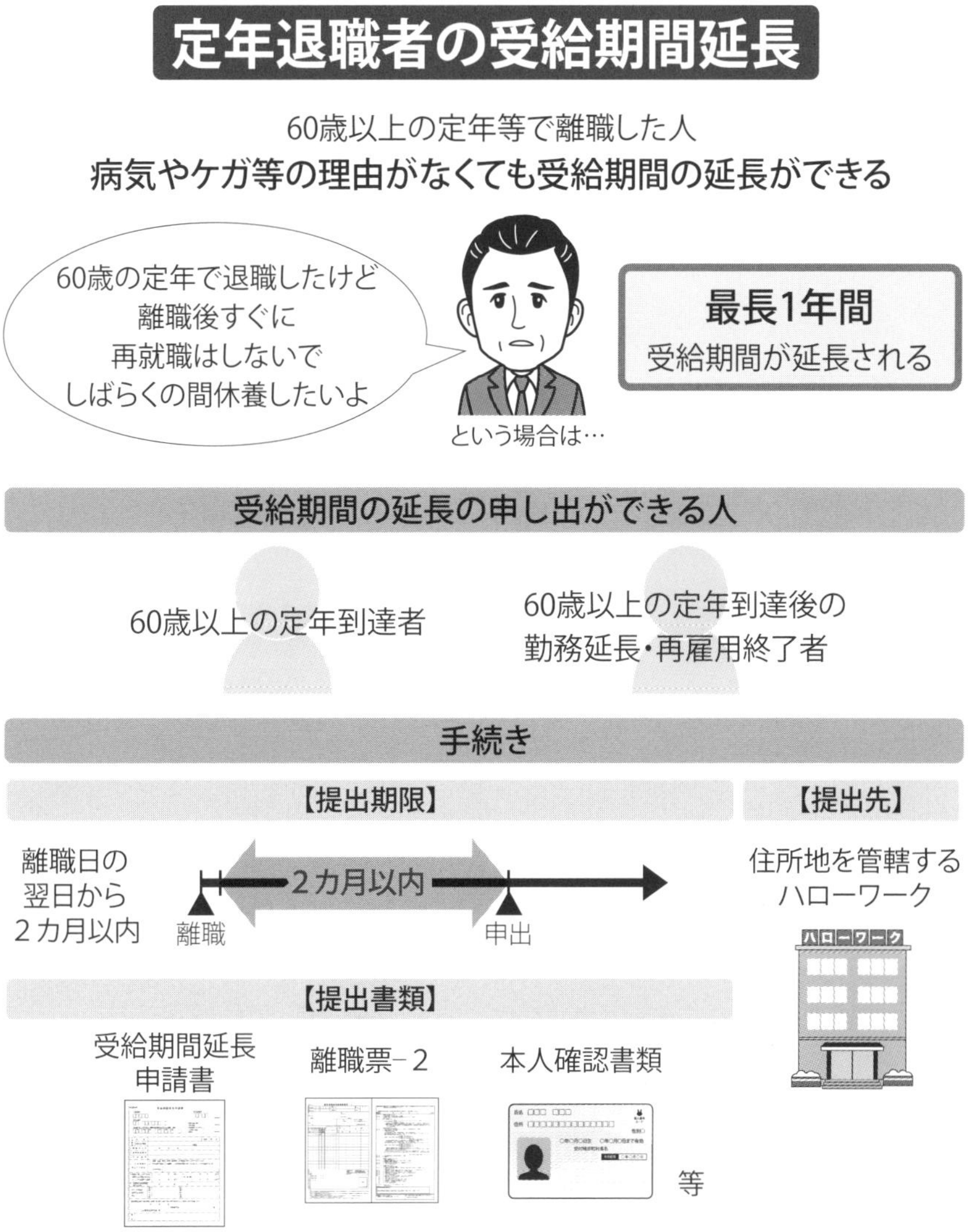
定年退職者の受給期間延長
60歳以上の定年等で離職した人
病気やケガ等の理由がなくても受給期間の延長ができる
60歳の定年で退職したけど離職後すぐに再就職はしないでしばらくの間休養したいよ
という場合は…
最長1年間
受給期間が延長される
受給期間の延長の申し出ができる人
60歳以上の定年到達者
60歳以上の定年到達後の勤務延長・再雇用終了者
手続き
【提出期限】
離職日の翌日から2カ月以内
2カ月以内
離職
申出
【提出先】
住所地を管轄するハローワーク
ハローワーク
【提出書類】
受給期間延長申請書
離職票−2
本人確認書類
等

定年退職者は受給期間を最長1年間延長できる

60歳以上の定年等の理由により退職した人が離職後、一定期間求職の申込みをしないことを希望する場合において、ハローワークにその旨を申し出たときには、求職の申込みをしないことを希望する一定の期間（1年が限度）を受給期間に加算することができます。

要するに、定年後しばらくの間、骨休みをしてから仕事を探したい人は、受給期間1年に最長1年がプラスされるというもので、受給期間（1年）＋延長1年＝2年間になります。

というわけで、退職後すぐに求職活動をしなければならないわけではありません。手続きは、「受給期間延長申請書」に離職票-2を添付して、ハローワークに提出します。申請期間は、離職の日から**2カ月以内**となっています。この期限を過ぎてしまうと、定年退職者の受給期間の延長はできなくなってしまうので、気を付けましょう。

2章－8
雇用保険の手続き

再就職を促進する給付もある

早く就職するとご褒美《ほうび》がある

いろいろある就職促進給付

再就職手当	就業促進定着手当	常用就職支度手当
基本手当の受給資格がある人	再就職手当の支給を受けている人	基本手当等の受給資格がある人のうち障害があるなど就職が困難な人
安定した職業に就いた場合	再就職から６カ月以上、雇用保険の被保険者として働いている	安定した職業に就いた場合
▼	▼	▼
基本手当の支給残日数が所定給付日数の３分の１以上あり、一定の要件に該当する場合にもらえる	再就職後６カ月間の賃金の１日分が離職前の賃金日額を下回っているときにもらえる	基本手当の支給残日数が所定給付日数の３分の１未満であり、一定の要件に該当する場合にもらえる

再就職手当をもらおう

失業保険（基本手当）を受給しながら
早めに再就職が決まったら…

再就職手当

がもらえる
（左ページへ）

早めの再就職を促す就職促進給付

雇用保険の保険給付である失業等給付は、①求職者給付、②就職促進給付、③雇用継続給付の３つに大別されます。これまで長々と説明してきた基本手当は、①求職者給付のうちの一つです。

ここでは②の**就職促進給付**について、説明します。〝就職促進〟というように、失業した人の再就職の援助・促進を目的とした給付制度になります。

基本手当のもらい残しは損なのか？

失業して、基本手当をもらうようになった場合は、たいていの人が所定給付日数分

ポイント

早く就職を決めるほど
もらえる再就職手当の金額も多くなる

再就職手当

受給できる金額

基本手当日額 × 支給残日数 × 給付率

基本手当の支給残日数
（所定給付日数から再就職日の前日までの失業の認定を受けた後の残りの日数）

給付率

支給残日数が
- ３分の２以上 で再就職…70%
- ３分の１以上 で再就職…60%

【ケーススタディー】

所定給付日数150日の人が60日分の基本手当を受取った時点で
再就職すると…

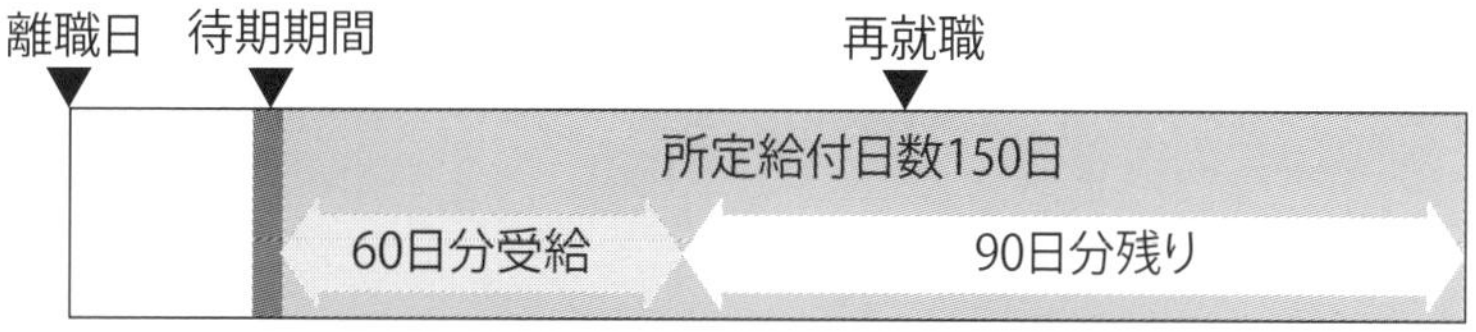

（150日－60日）×60%＝54日分

仮に基本手当日額4,000円だとすると… 4,000円×54日分＝216,000円

216,000円が再就職手当の金額となる

の手当をすべてもらいたいと考えるのではないでしょうか。

もちろん、「もらえるものは全部もらう」という考え方自体は間違いではないです。雇用保険法という法律で認められた権利なのですから、権利濫用というものでもありません。

そう考えると、基本手当の給付日数を残して再就職すると、損をした気分になるでしょう。例えば、所定給付日数１５０日の人が、60日分の基本手当をもらったところで再就職が決まったとします。では、この人は90日分もの基本手当をもらい損ねたのでしょうか。

ハッキリ言って、それは正しくありません。基本手当をもらい残して、早期に就職を決めた人には、お祝い金があります。それは**再就職手当**というものです。ですから、早く再就職をしてしまうと、損をするというわけではありません。

雇用保険も、そのあたりのことはきちんとフォローしています。就職促進給付は、失業者に早期に再就職をしてもらうことを目的としているのです。

60歳を過ぎて賃金が下がったら…

高年齢雇用継続給付がある

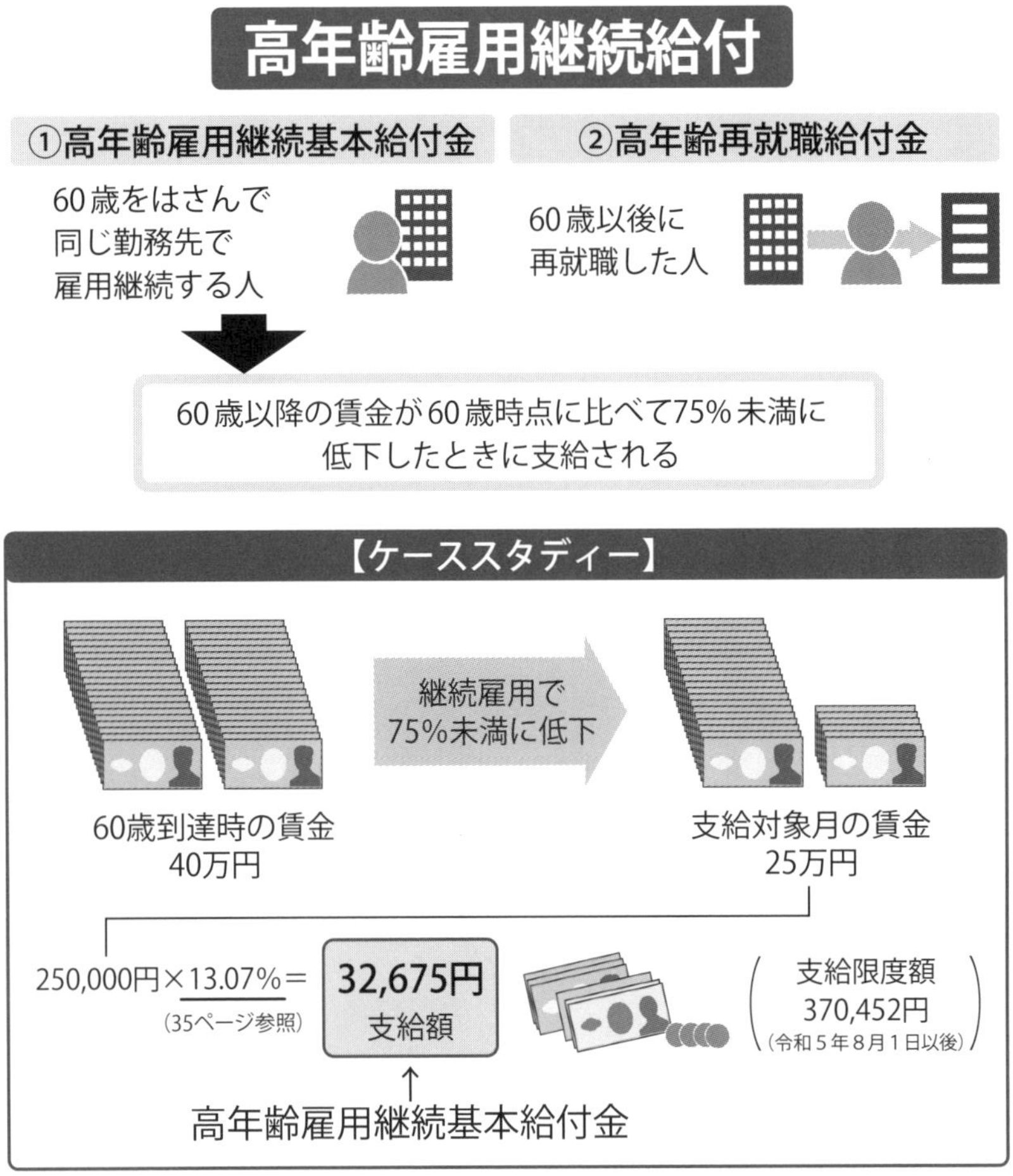
高年齢雇用継続給付
①高年齢雇用継続基本給付金
60歳をはさんで
同じ勤務先で
雇用継続する人
②高年齢再就職給付金
60歳以後に
再就職した人
60歳以降の賃金が60歳時点に比べて75%未満に
低下したときに支給される
【ケーススタディー】
継続雇用で
75%未満に低下
60歳到達時の賃金
40万円
支給対象月の賃金
25万円
250,000円×13.07%＝
(35ページ参照)
32,675円
支給額
支給限度額
370,452円
(令和5年8月1日以後)
高年齢雇用継続基本給付金

…支給対象月とは…

一般被保険者として雇用される各月。「60歳に達した日の属する月から65歳に達する日の属する月まで」の各月が対象。

違いは基本手当をもらったかどうか

※高年齢雇用継続給付には、①高年齢雇用継続基本給付金と②高年齢再就職給付金の2つがあります。この2つはほとんど同じなのですが〝**雇用継続**〟と〝**再就職**〟という部分に要注目です。

高年齢雇用継続基本給付金は、基本手当を受給しないで雇用継続する人に支給されるもの。対して、高年齢再就職給付金は、基本手当を受給した後に、再就職した人に対して支給されるものなのです。

高年齢雇用継続基本給付金は、60歳をはさんで同じ勤務先で雇用継続するときにももらえ、高年齢再就職給付金の方は60歳以後に再就職した人がもらえるという理解でいいでしょう。

※高年齢雇用継続給付は、被保険者であった期間が5年以上あること等が支給要件となる（19ページ参照）。

ポイント

高年齢雇用継続給付が支給されるのは 60歳以後65歳までの最長5年間

高年齢雇用継続給付の支給率

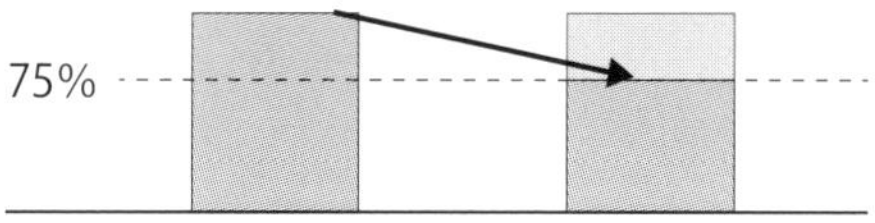

支給額は
賃金の低下率に応じて計算される

申請書の提出者は事業主なので
面倒な手続きは会社が
やってくれるので安心

賃金の低下率	支給率
75%以上	0.00%
74.5%	0.44%
74.0%	0.88%
73.5%	1.33%
73.0%	1.79%
72.5%	2.25%
72.0%	2.72%
71.5%	3.20%
71.0%	3.68%
70.5%	4.17%
70.0%	4.67%
69.5%	5.17%
69.0%	5.68%
68.5%	6.20%
68.0%	6.73%

賃金の低下率	支給率
67.5%	7.26%
67.0%	7.80%
66.5%	8.35%
66.0%	8.91%
65.5%	9.48%
65.0%	10.05%
64.5%	10.64%
64.0%	11.23%
63.5%	11.84%
63.0%	12.45%
62.5%	13.07%
62.0%	13.70%
61.5%	14.35%
61%以下	15.00%

給与が25%超下がったら給付対象になる

定年退職後に継続雇用もしくは再就職した場合は、賃金が大幅にダウンすることが珍しくありません。

この低下した賃金を補てんするために支給されるものが、高年齢雇用継続給付（高年齢雇用継続基本給付金・高年齢再就職給付金）です。

賃金の低下によって働き続ける意欲が削がれること、モチベーションの低下を予防し、雇用の継続を図るための給付制度なので、賃金が下がった場合は活用すべき制度です。手続きは会社がやってくれますので、ある意味〝会社任せ〟にできます。

では、どれくらい賃金の低下があったら給付金をもらえるのかというと、**従来の賃金の75%未満になった場合**に、支給されます。言い換えると、25%超の賃金ダウンがあった場合ということになります。

賃金が下がった60代前半は、高年齢雇用継続給付の支給を受けて乗り切りましょう。

2章－10
雇用保険の手続き

雇用保険の適用拡大で65歳以上も被保険者になる

65歳を過ぎて失業したら一時金

2つの事業所で働く人も雇用保険に加入できる
高年齢被保険者
マルチ高年齢被保険者
事業所A
事業所A
事業所B
週所定労働時間
20時間以上
31日以上の
雇用見込みがある
複数の事業所に雇用される
65歳以上の労働者
2つの事業所※の労働時間を
合計して1週間の所定
労働時間が20時間以上
※1つの事業所における1週間の所定労働時間が
5時間以上20時間未満
2つの事業所のそれぞれの
雇用見込みが31日以上
離職の日以前1年間に被保険者期間が通算して6カ月以上あると…
雇用保険の
適用対象として
高年齢求職者給付金
が支給される

65歳以上は高年齢被保険者になる

かつては、65歳以上の人が新たに就業しても雇用保険には加入できませんでしたが、2017（平成29）年1月の雇用保険法の改正によって、年齢制限がなくなりました。現在は65歳を過ぎた人でも**高年齢被保険者**として雇用保険の加入対象となります。適用要件は、①週の所定労働時間が20時間以上、②31日以上の雇用の見込みがあることです。

高年齢被保険者が失業した場合には、**高年齢求職者給付金**が支給されます。この給付金の支給を受けることができる資格を高年齢受給資格といって、離職の日以前1年間に、被保険者期間が通算して**6カ月以上**あることが要件とされています。

ポイント

高年齢求職者給付金は年金と併給できる。健康なうちは働こう！

高年齢求職者給付金

高年齢被保険者が離職した場合に支給される

給付日数

算定基礎期間	基本手当日額に乗じる日数
1年未満	30日
1年以上	50日

例えば…

算定基礎期間
（被保険者であった期間）
が２年の人が離職したら…

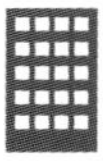

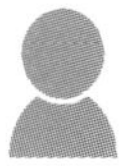

基本手当日額×50日分
もらえる

高年齢求職者給付金と基本手当との相違点

高年齢求職者給付金		基本手当
６カ月以上の雇用保険加入	受給要件	12カ月以上の雇用保険加入
一時金	支給方法	28日分を分割して支給
30日もしくは50日	給付日数	90～330日
できる	年金との併給	できない

高年齢求職者給付金は一括支給の一時金

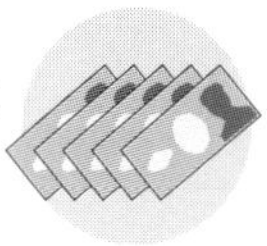

年金との併給も可能

「２年間に被保険者期間が12カ月以上あること」とされている基本手当の受給資格に比べると、「１年間に被保険者期間が６カ月以上」ですからハードルが低く、高年齢被保険者のうち多くの人が高年齢求職者給付金を受給できるものと思われます。

50日分か30日分の一時金が一括支給される

高年齢求職者給付金は、基本手当と異なり、一時金として一括支給されることが特徴です。離職の日の翌日から起算して１年を経過する日までに、ハローワークに出頭し、求職の申込みをした上で、失業していることの認定を受けることで、高年齢求職者給付金が支給されます。

基本手当を受給するときのように、失業認定のために何度もハローワークへ足を運ぶ煩わしさがありません。

高年齢求職者給付金の額は、高年齢受給資格者を受給資格者とみなして計算した基本手当の日額の50日分もしくは30日分が支給されます。

絶対にやめよう！不正受給

就職や就労をしたら申告する必要あり

アルバイトをしたらどうなる？

基本手当の受給中にアルバイト等で収入を得た場合
↓
基本手当が調整される
基本手当の減額の算定に係る控除額：1,331円（令和5年8月1日以後）

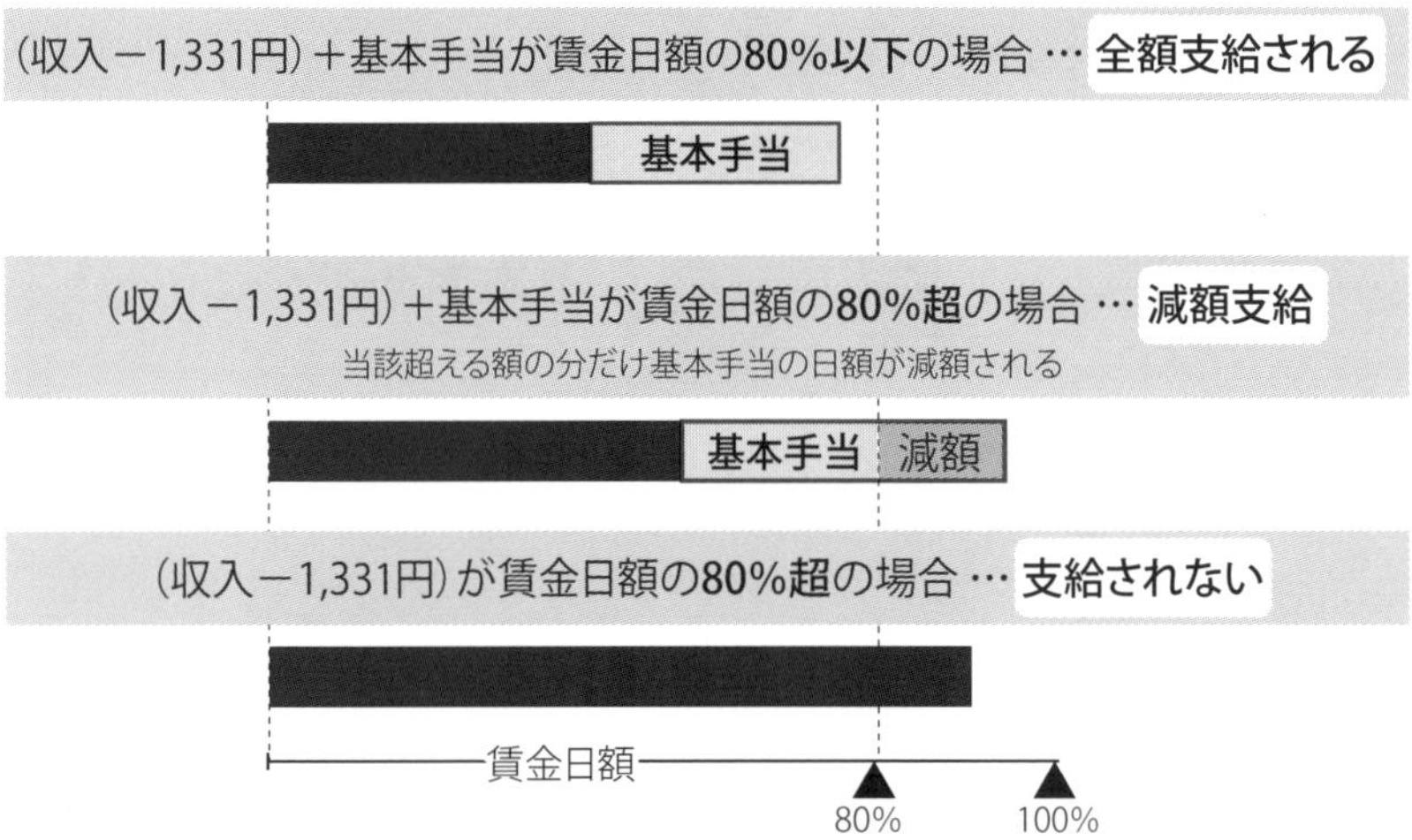
（収入－1,331円）＋基本手当が賃金日額の80％以下の場合…全額支給される
基本手当
（収入－1,331円）＋基本手当が賃金日額の80％超の場合…減額支給
当該超える額の分だけ基本手当の日額が減額される
基本手当
減額
（収入－1,331円）が賃金日額の80％超の場合…支給されない
賃金日額
80%
100%

待期期間は失業している状態でなければならない

受給資格が決定した日から
7日間の待期期間は
アルバイトはできない

短期のアルバイトでも
就職をしたと
みなされてしまう

失業中にアルバイトをしたら？

失業している間に、自己の労働によって収入を得た場合、このお金はどういう性格のものと考えたらいいのでしょうか？

雇用保険法施行規則第29条1項には、次のように書かれています。

> **（自己の労働による収入の届出）**
> 第29条　受給資格者が法第十九条第三項の規定により行う届出は、その者が自己の労働によつて収入を得るに至つた日の後における最初の失業の認定日に、失業認定申告書により管轄公共職業安定所の長にしなければならない。

要するに、自己の労働によって収入を得たら、**失業認定申告書**に記述して、届け

ポイント

正しく申告すれば失業中でもアルバイトや副業はできる

アルバイト・内職等をした場合

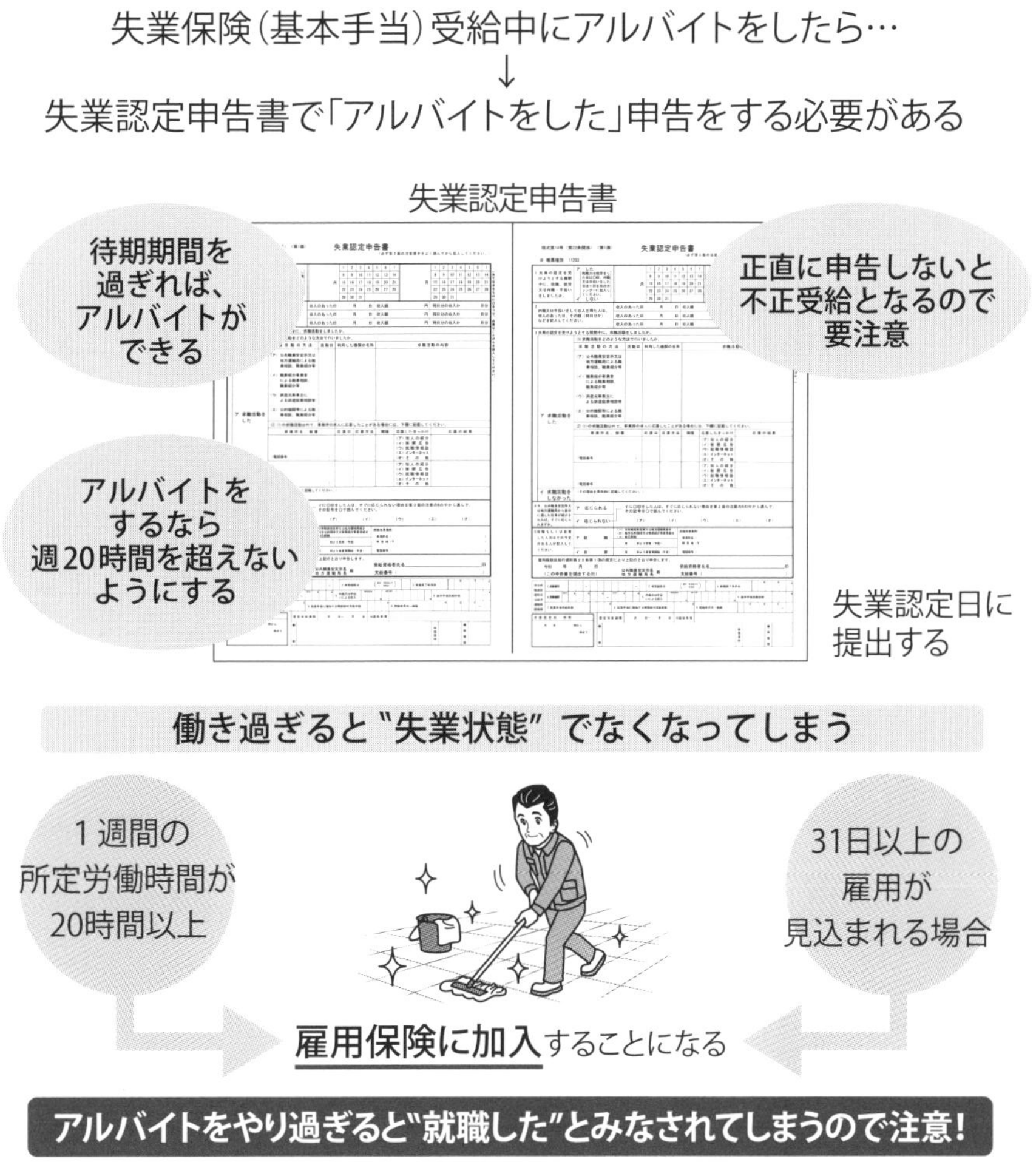
失業保険（基本手当）受給中にアルバイトをしたら…
↓
失業認定申告書で「アルバイトをした」申告をする必要がある
失業認定申告書
待期期間を過ぎれば、アルバイトができる
アルバイトをするなら週20時間を超えないようにする
正直に申告しないと不正受給となるので要注意
失業認定日に提出する
働き過ぎると"失業状態"でなくなってしまう
1週間の所定労働時間が20時間以上
31日以上の雇用が見込まれる場合
雇用保険に加入することになる
アルバイトをやり過ぎると"就職した"とみなされてしまうので注意！

出をするようにといっているわけです。

ちなみに、ここでいう収入とは、家業の手伝いや内職などをして得たお金などが該当します。フリーマーケットで家財品を売ったことで得たお金などは含みません。

いずれにせよ、アルバイト等による収入がある場合は、金額によっては基本手当が減額調整されることがあります。

基本手当の不正受給は3倍返しのペナルティー

アルバイトであっても職業に就いたのであれば、失業していることにはならないので、この状況で基本手当を受給していたら、不正受給となります。不正受給をした場合は、不正受給した分の**3倍返し**。さらに、残りの給付金を受ける権利もすべて失うことになります。

繰り返しますが、パート、アルバイト、日雇いで就労したら申告が必要です。見つからなければ、1日くらいなら、もらえるお金が少ないから……などと、軽く考えてはいけません。

column

失業保険（基本手当）受給までの流れ

失業認定日は４週間に１回

会社を辞めてから、失業保険（基本手当）がもらえるようになるまで、その流れについて簡単に見ておきましょう。会社都合による退職と、自己都合で退職した場合とでは若干異なる部分もありますので注意してください。いずれにせよ、まずは、住所地を管轄する公共職業安定所（ハローワーク）に行って、求職の申込みをすることから始まります。

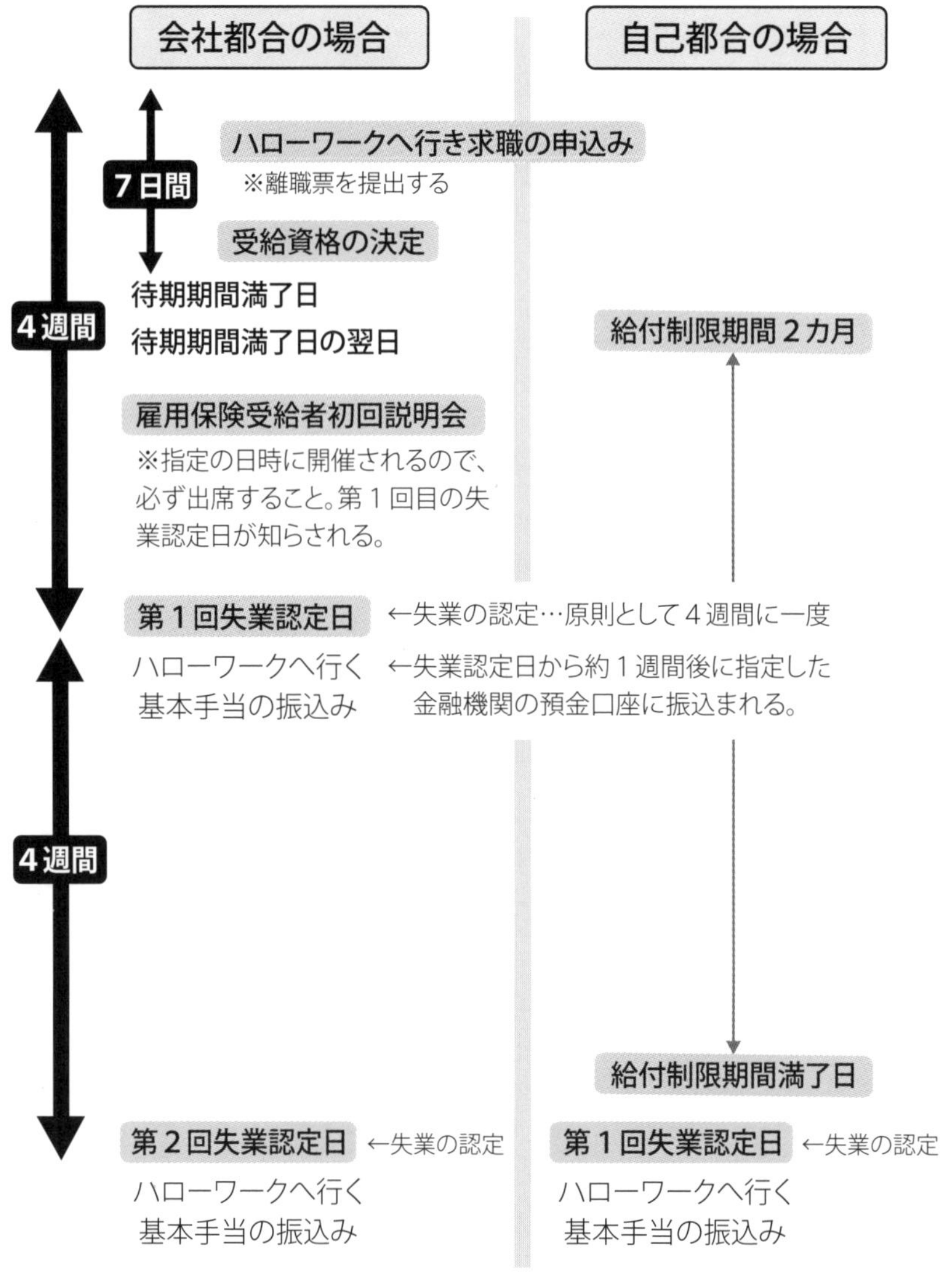
会社都合の場合
自己都合の場合
7日間
4週間
4週間
ハローワークへ行き求職の申込み
※離職票を提出する
受給資格の決定
待期期間満了日
待期期間満了日の翌日
雇用保険受給者初回説明会
※指定の日時に開催されるので、必ず出席すること。第１回目の失業認定日が知らされる。
第１回失業認定日
←失業の認定…原則として４週間に一度
ハローワークへ行く
基本手当の振込み
←失業認定日から約１週間後に指定した金融機関の預金口座に振込まれる。
第２回失業認定日
←失業の認定
ハローワークへ行く
基本手当の振込み
給付制限期間２カ月
給付制限期間満了日
第１回失業認定日
←失業の認定
ハローワークへ行く
基本手当の振込み

3章

年金の手続き

定年後も年金に加入するの？

定年再雇用後の年金加入について

年代別・退職後の年金加入形態

年齢	働き方等	加入する年金制度
60歳未満	再就職する →	厚生年金保険
	自営業、無職等 →	国民年金（第１号）
	厚生年金保険に加入する者の被扶養配偶者になる →	国民年金（第３号）
60～64歳	再就職する →	厚生年金保険
	受給資格期間が不足している →	国民年金（任意加入）
65～69歳	再就職する →	厚生年金保険
	受給資格期間が不足している →	国民年金（任意加入）

厚生年金保険は70歳まで加入できる

再就職後も社会保険に加入しよう

健康保険　厚生年金保険　介護保険

社会保険に加入して働いた方が有利な面が多い

厚生年金は70歳まで加入が可能

会社員は国民年金の**第２号被保険者**に該当します。ちなみに、自営業者の人は国民年金の第1号被保険者、専業主婦（夫）は第3号被保険者になります。

第1号被保険者は、日本国内に住所を有する20歳以上60歳未満の者ですので、20歳以降一度も会社勤めをしたことがない人は、20歳から60歳になるまでの40年間、国民年金の保険料を納める必要があります。

例えば、会社員をしていた人が退職をして自営業を始めた場合は、その時点で60歳未満であれば、国民年金の第1号被保険者として60歳になるまで保険料を払います。

では、継続雇用（再雇用）という形で会社に残り、引き続き勤務している人の年金

ポイント

厚生年金保険は70歳まで入れる。定年後も社会保険に加入する働き方を選ぼう

公的年金の仕組み

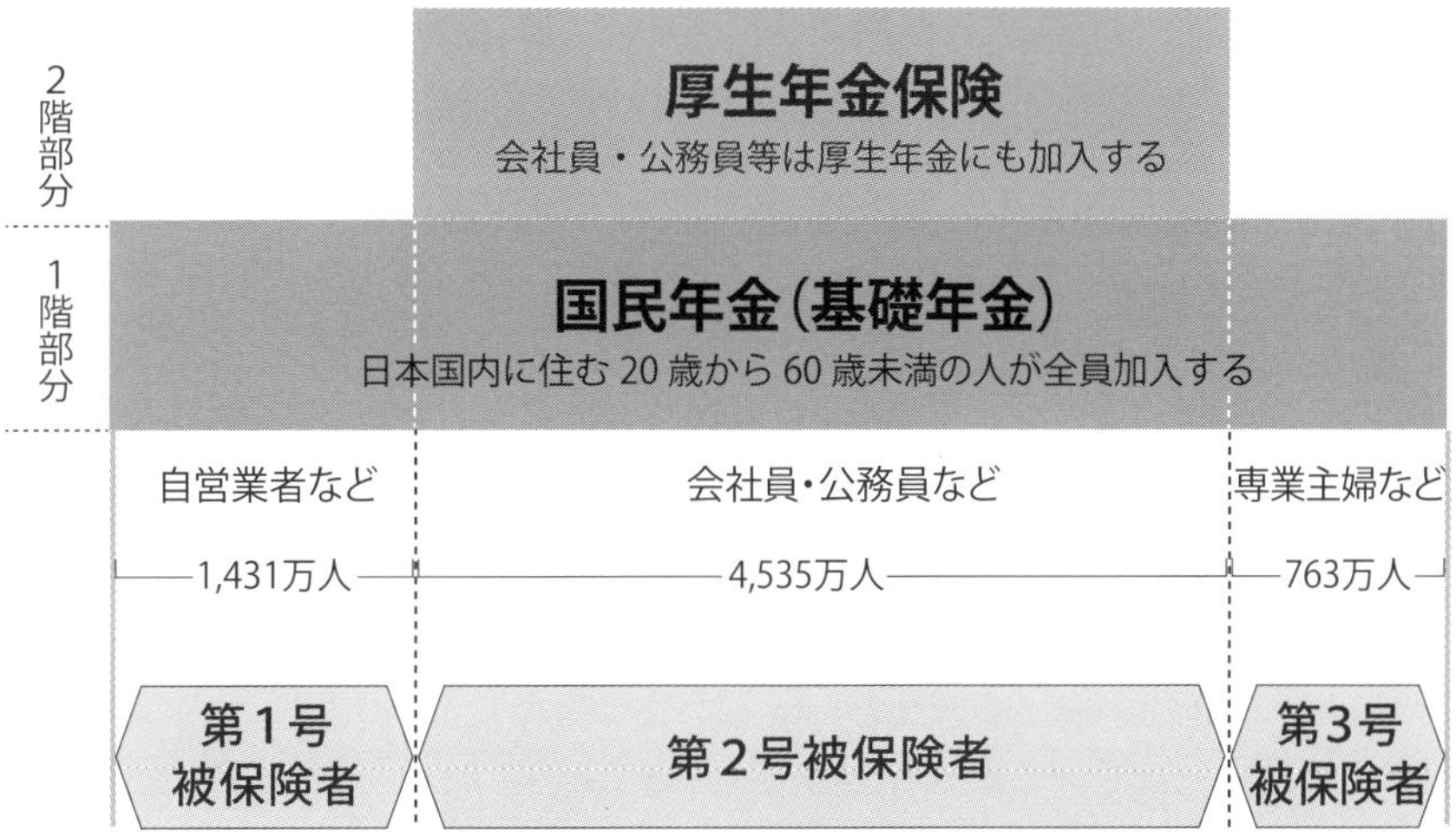

2階部分
1階部分
厚生年金保険
会社員・公務員等は厚生年金にも加入する
国民年金（基礎年金）
日本国内に住む20歳から60歳未満の人が全員加入する
自営業者など
会社員・公務員など
専業主婦など
1,431万人
4,535万人
763万人
第1号被保険者
第2号被保険者
第3号被保険者

（厚生労働省年金局「令和３年度 厚生年金保険・国民年金事業の概要」より）

会社員の老後の年金

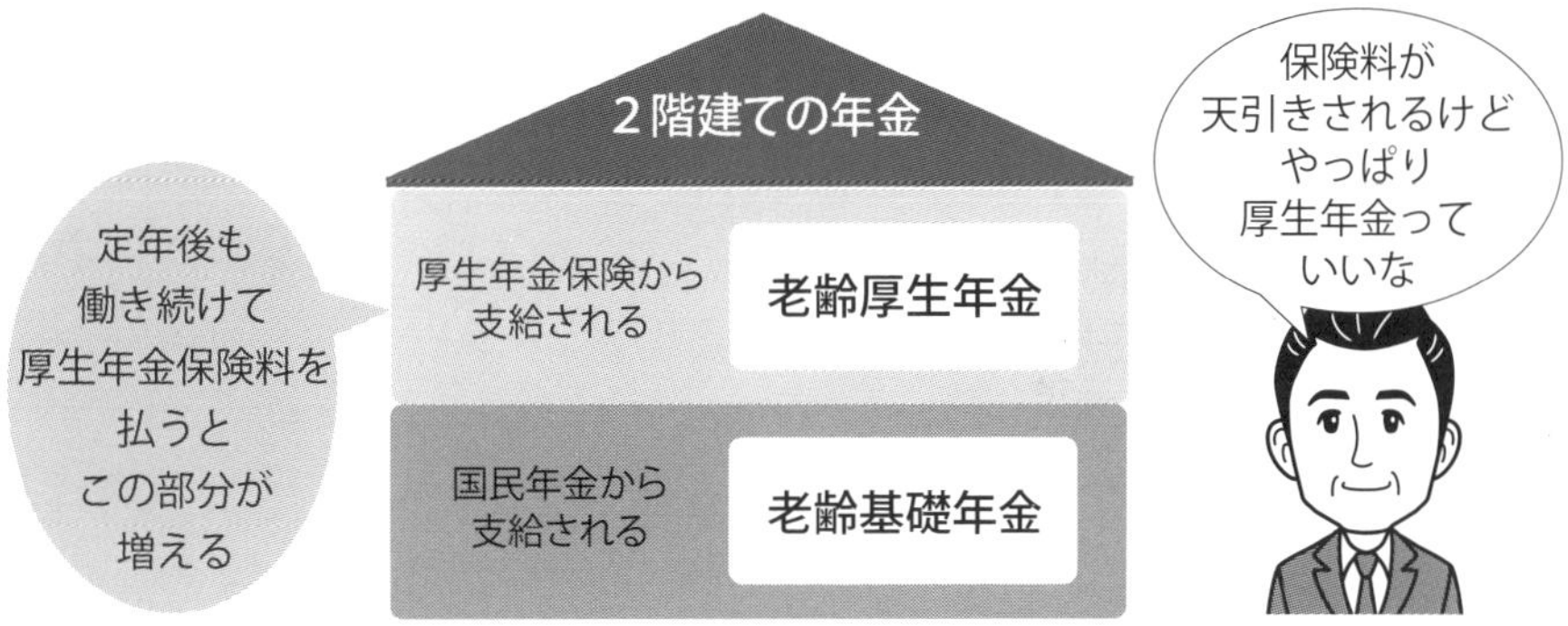

2階建ての年金
定年後も働き続けて厚生年金保険料を払うとこの部分が増える
厚生年金保険から支給される
老齢厚生年金
国民年金から支給される
老齢基礎年金
保険料が天引きされるけどやっぱり厚生年金っていいな

加入はどうなるでしょう？　例えば、60歳の定年を迎えた後、続いて嘱託《しょくたく》として勤務しているようなケースです。

現行法では、厚生年金保険は**70歳**まで入れます。ですので、60歳以降65歳（70歳）になるまで、現在勤めている会社で働き続ける人は、厚生年金の保険料が給与天引きされることになります。

もちろん、60歳以降に払った保険料は、将来の年金受給に反映されます。つまり年金が増えます。

会社員の老後の年金

会社員のような第2号被保険者の年金加入は、厚生年金保険に加入し、国民年金にも同時加入している形態です。会社員が老後にもらう年金は〝2階建ての年金〟とよくいわれますが、これは1階が国民年金、2階が厚生年金保険になっていることを意味します。

実際の年金給付は、国民年金から**老齢基礎年金**が、厚生年金保険から**老齢厚生年金**が支給されます。

加入期間が足りない場合は…
国民年金は任意加入もできる

年金の受給資格と支給開始年齢

老齢基礎年金

支給要件

保険料納付済期間 ＋ 保険料免除期間→ **10年以上** あること

保険料納付が480月（40年）あれば満額（フルペンション）

20歳　月額66,250円（令和５年度価額）　60歳

支給開始年齢

原則として**65歳から**

※ただし、60歳から減額された繰上げ支給、66歳から75歳までの希望する年齢から増額される繰下げ受給も請求可能

老齢厚生年金

支給要件

老齢基礎年金の支給要件を満たしていること

厚生年金の被保険者期間が１カ月以上あること　ただし　65歳未満の人に支給する老齢厚生年金（特別支給の老齢厚生年金）については１年以上の被保険者期間が必要

支給開始年齢

生年月日、性別により異なる

男性：昭和36年４月２日以後生まれ
女性：昭和41年４月２日以後生まれ
の人は老齢厚生年金の支給は65歳から

受給資格期間が25年から10年になった

かつては、老後の年金をもらうためには、25年の加入期間が必要でした。

この25年要件を満たさない人は、１円の年金も受給できなかったのですが、このルールが変更されました。

国民年金法等の一部を改正する法律により、２０１７（平成29）年８月１日から、老齢基礎年金の受給資格期間が25年から**10年**に大幅に短縮されたのです。

任意加入制度を利用して老齢基礎年金を満額にできる

受給資格期間が25年から10年に短縮され

ポイント

独立・起業した人は国民年金保険料の未納・滞納月があるか再確認する必要あり

60歳以降も任意で加入できる

60歳までに老齢基礎年金の受給資格期間（10年）を満たしていない人

40年の納付済期間がないため老齢基礎年金を満額受給できない

受給資格期間を満たせない人は…

加入期間	任意加入

▲60歳

60歳以降でも国民年金に任意加入できる

【任意加入できる期間】

1. 年金額を増やしたい人 → 65歳まで
2. 受給資格期間を満たしていない人 → 70歳まで

ただし、さかのぼって加入することはできない

加入期間	~~未納~~	加入期間	任意加入

任意加入することで未納期間を穴埋めする効果はある

【申込窓口】
住所地の市区役所・町村役場の国民年金担当窓口
または年金事務所

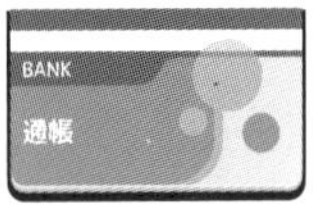

【保険料の納付方法】
口座振替（原則）

たことで、新たに60万人以上の人が年金を受給できるようになったといわれ、今後もリタイア後に無年金になる人は格段に少なくなると思われます。

しかし、自営業（第1号）→会社員（第2号）の履歴の人で、第1号被保険者である自営業のときに、保険料の未納が長期間あるような人の場合は、受給資格期間を満たせないというケースがあるかもしれません。こんな場合はどうしたらいいのでしょうか？

本来、国民年金の保険料納付は60歳で終了しますが、受給資格期間を満たしていない場合や年金を増やしたい場合などは、上図のように、60歳以降に**任意加入**できる制度があります。

最長で70歳まで加入するチャンスがあります。もう少しで受給資格期間を満たせるという人はあきらめずに、任意加入の制度を利用して、老後の年金受給につなげましょう。

なお、保険料の未納月は、「**ねんきん定期便**」で簡単にチェックできます。任意加入して老齢基礎年金を満額にしましょう。

特別支給の老齢厚生年金とは

年金の支給開始年齢が徐々に引き上げられている

特別支給の老齢厚生年金

年金の支給開始は　**原則65歳から**

ただし

生年月日によっては「**特別支給の老齢厚生年金**」が支給される

１年以上の厚生年金保険への加入が要件

60歳 ← この期間にもらえる → 65歳　本来の年金支給 →

支給開始年齢

【男性】

男性でこれから
支給が始まる人はいない

【女性】

2023年度末		支給開始年齢
60～61歳	→	63歳
58～59歳	→	64歳

2024年度に60歳の誕生日を迎える人の場合
（昭和39年4月2日～昭和40年4月1日生まれ）

男性はなし

女性は64歳から受取れる

65歳までもらえる 特別支給の老齢厚生年金

原則として、老後の年金は、会社員も自営業者ももらえるのは65歳になってからです。

現在、わが国の公的年金制度は、65歳から老齢年金の支給開始という仕組み・制度になっています。

ただし、従来の老齢厚生年金が60歳から支給開始となっていたことから、制度変更による影響を和らげるために、当面の間は移行措置として60歳から64歳の間（つまり60歳台前半）に“**特別支給の老齢厚生年金**”が支給されています。

60歳から64歳の間に支給されるため、特別支給の老齢厚生年金のことを、**60歳台前半の老齢厚生年金**といったりします。

ポイント

特別支給の老齢厚生年金はあくまでも経過措置。本格的な年金支給は65歳から

定額部分と報酬比例部分

特別支給の老齢厚生年金は

報酬比例部分 定額部分 の２つに分けられる

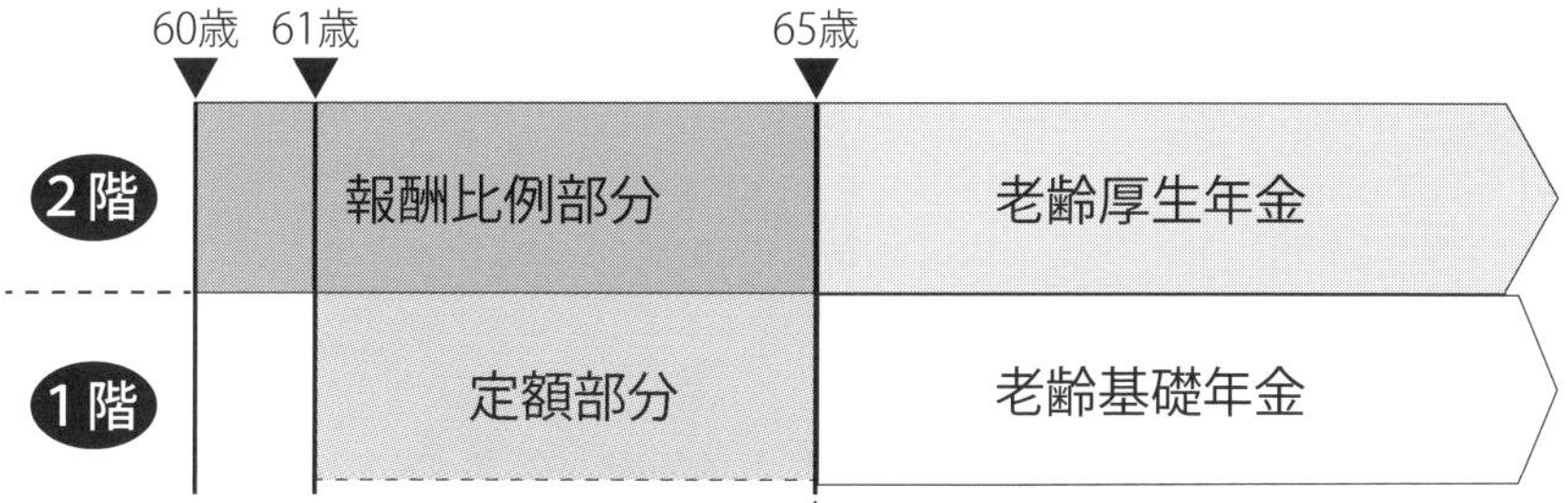

65歳になって１階と２階がそろう

例えば…

昭和16年4月2日～昭和18年4月1日生まれの男性

昭和21年4月2日～昭和23年4月1日生まれの女性

60歳から 報酬比例部分
61歳から 定額部分
の年金をもらえていた

定額部分 と 報酬比例部分 は生年月日によって段階的に引き上げられる

これから年金を受取り始める人は定額部分をもらうことができない

支給はもうすぐなくなる

特別支給の老齢厚生年金をもらうには、**1年以上の厚生年金保険への加入**が要件となっています。要するに、1年（12カ月）以上、会社勤めをしていた人は、特別支給の老齢厚生年金をもらえるというわけです。

もらえる年金額は、各人の加入期間や給与等によって違ってきます。少し専門的になりますが、特別支給の老齢厚生年金は**定額部分**と**報酬比例部分**の２つに分けられます。

男性への支給はすでに終わっており、女性の場合も、これから年金をもらい始める人は定額部分を受取れず、報酬比例部分だけということになります。

この報酬比例部分の支給開始年齢も、生年月日に応じて段階的に引き上げられて行き、最終的にはなくなります。男性：昭和36年４月２日以降生まれ、女性：昭和41年４月２日以降生まれの人は、65歳からの年金支給となっています。

特別支給の老齢厚生年金も、あと数年で支給が終了しそうです。

3章－4
年金の手続き

メリット満載！「ねんきんネット」の利用

自分の年金額を計算できる

ねんきんネットの使い方①

基礎年金番号が必要

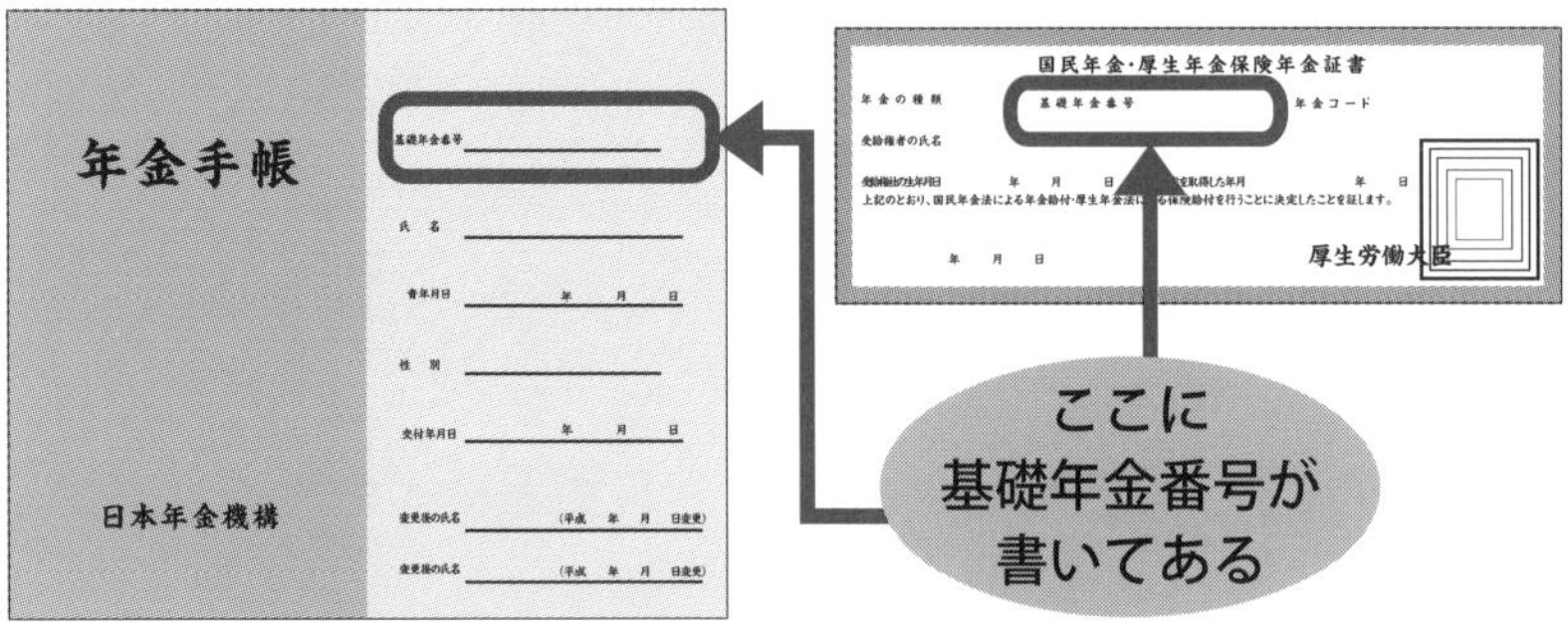

年金手帳
基礎年金番号
氏名
生年月日
性別
交付年月日
日本年金機構
国民年金・厚生年金保険年金証書
基礎年金番号
年金コード
厚生労働大臣
ここに
基礎年金番号が
書いてある

基礎年金番号がわからないときは…

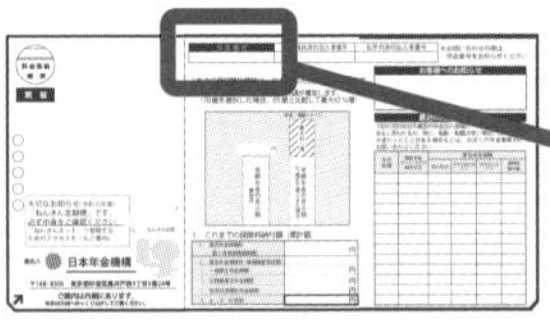

「ねんきん定期便」に記載されている

照会番号 から

問い合わせることができる

ねんきん定期便・ねんきんネット専用ダイヤル（ナビダイヤル）

0570-058-555

【受付時間】

月曜日	午前8時30分～午後7時00分
火～金曜日	午前8時30分～午後5時15分
第２土曜日	午前9時30分～午後4時00分

※土曜日・日曜日・祝日（第２土曜日を除く）、12月29日～1月3日は利用できない
※月曜日が祝日の場合は翌日以降の開所日初日に午後7時00分まで

後日、基礎年金番号が記載された書類が送られてくる

今すぐねんきんネットに登録しよう

日本年金機構の「**ねんきんネット**」サービスをご存じでしょうか？

ねんきんネットサービスとは、自分の年金記録がいつでもインターネットを介して確認できるというものです。

基礎年金番号を用意して、「ねんきん定期便」に記載されている17桁のアクセスキーを使って登録すれば、すぐに利用できる便利なサービスです。

なお、アクセスキーの有効期限は3カ月となっています。アクセスキーをお持ちでない人は、所定の申込み手続きをすることで利用可能となります。年金は難しいとか、制度が複雑だとかよくいわれますが、ねんきんネットを利用すれば、年金が支給され

ポイント

いつでも最新の年金記録を確認できる「ねんきんネット」を上手に活用しよう

ねんきんネットの使い方②

登録方法

日本年金機構
https://www.nenkin.go.jp/

①日本年金機構のＨＰにアクセス
↓
②「新規利用登録」をクリック
↓
③「ご利用登録（有効なアクセスキーあり）」をクリック

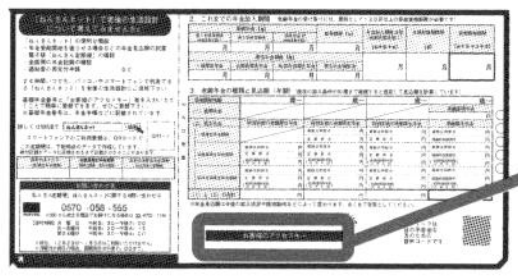

アクセスキーは「ねんきん定期便」で確認できる

④以下の情報を入力して登録申請を行う

- ・17桁のアクセスキー
- ・基礎年金番号
- ・氏名
- ・生年月日
- ・パスワードなど

ねんきんネット
https://www.nenkin.go.jp/n_net/

⑤「ユーザID確認用URLのお知らせ」がメールで送られてくる

→ **「ねんきんネット」利用開始！**

アクセスキーがない場合

①日本年金機構のＨＰから申込む
②５営業日ほどで「ユーザIDのお知らせ」のハガキが郵送されてくる
→ **利用開始**

る時期やもらえる年金額の〝見える化〟ができます。

年金記録の確認や試算もできる

ねんきんネットでは、いつでも最新の年金記録を確認できるのが最大のメリットです。年金に加入していない期間や標準報酬月額の変動など、自分が確認したい記録がわかりやすく表示されるため、記録の「もれ」や「誤り」を見つけやすくなります。

さらに、年金見込額試算もできます。年金を受取りながら働き続けた場合の年金額など、自分では計算ができないような年金額を試算することも可能です。

将来受取れる年金額を知ることは、自分の人生設計の構築にも役立つわけで、有益な情報になるでしょう。

ねんきんネットはスマートフォンにも対応していますので、パソコンを持っていない人でも、スマホからアクセスできます。この機会に一度、自分の最新の年金記録を確認してみることをおすすめします。

老齢厚生年金に加算される加給年金
会社員は20年やるべき

扶養家族がいると加給年金というおまけが付く

　妻や子どもなどの扶養家族がいると、会社からもらう給与に家族手当が付くことがありますが、実は年金も同じです。

　65歳未満の配偶者、18歳に達する日以後の最初の3月31日までの間にある子（20歳未満で障害等級の1級もしくは2級に該当する障害の状態にある子）を扶養している場合は、老齢厚生年金に加算があり、その分だけ年金が増えます。

　この加算は、いわゆる**加給年金**と呼ばれるものです。それから、「18歳に達する日以後の最初の3月31日までの間にある子」とは、要するに、高校を卒業するまでの子が該当します。

加給年金

加算されるのは…

厚生年金保険の被保険者期間が20年以上ある者

65歳到達時点でその者に生計を維持されている配偶者または子がいるとき

対象者	加給年金額（令和５年度価額）	年齢制限
配偶者	228,700円	65歳未満であること
１人目、２人目の子	各228,700円	18歳到達年度の末日までの間の子※
３人目以降の子	各76,200円	18歳到達年度の末日までの間の子※

※または1級・2級の障害の状態にある20歳未満の子

「生計を維持」とは

生計が同一 ＋ 収入が一定未満 ＝ 生計維持関係

前年の収入が850万円未満　または　所得が655万5千円未満　であること

ポイント

退職するなら、厚生年金の被保険者期間が20年以上になってからにする

配偶者への加給年金

配偶者加給年金額の有無チャート

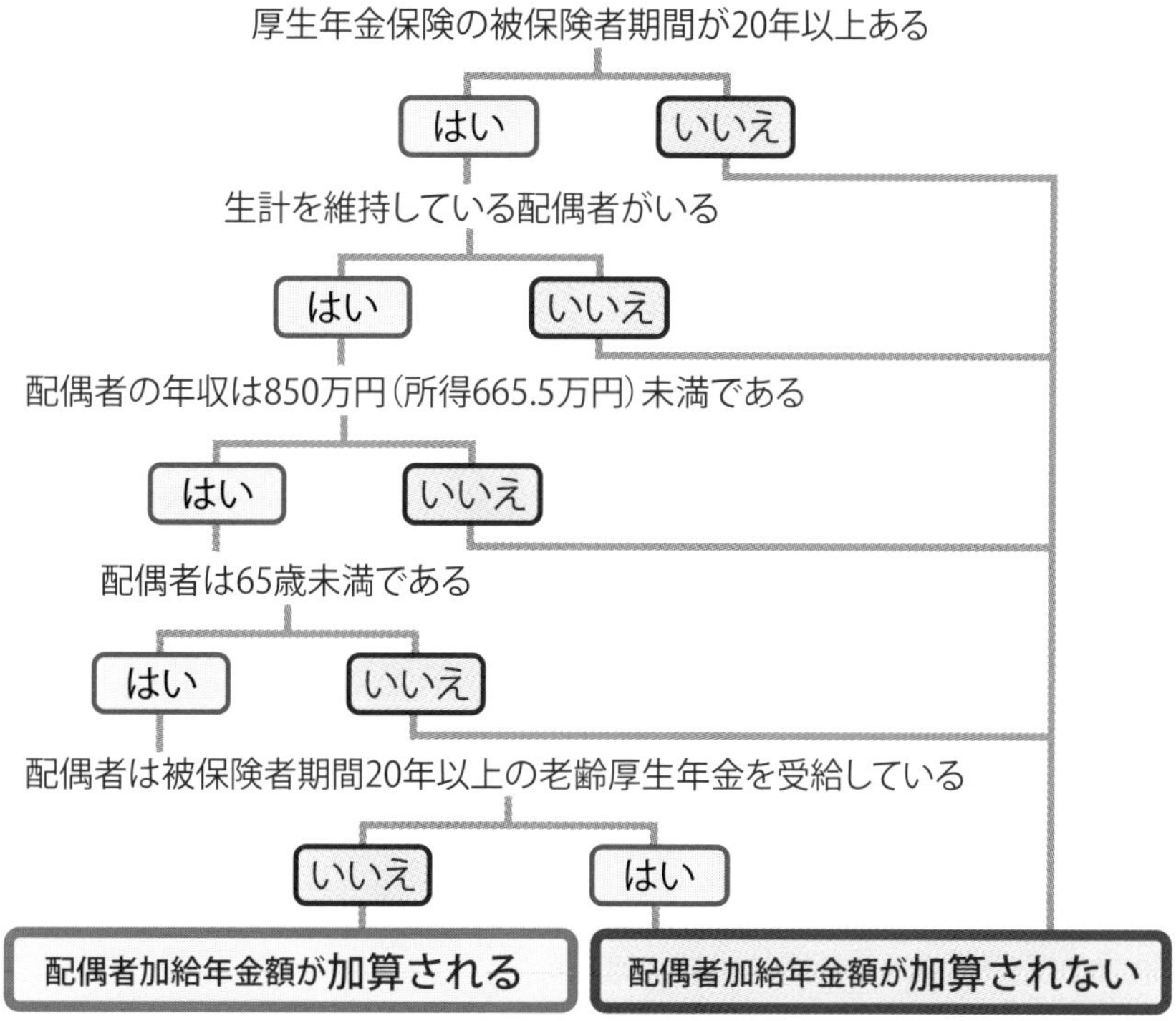

厚生年金保険の被保険者期間が20年以上ある
はい
いいえ
生計を維持している配偶者がいる
はい
いいえ
配偶者の年収は850万円（所得665.5万円）未満である
はい
いいえ
配偶者は65歳未満である
はい
いいえ
配偶者は被保険者期間20年以上の老齢厚生年金を受給している
いいえ
はい
配偶者加給年金額が加算される
配偶者加給年金額が加算されない

配偶者加給年金額の特別加算額（令和５年度価格額）

老齢厚生年金を受けている者の生年月日に応じて33,800～168,800円が加算される

受給権者の生年月日	特別加算額	加給年金額の合計額
昭和18年４月２日以後	168,800円	397,500円

配偶者の加給年金には特別加算もある

配偶者に対する加給年金の額は、年間22万８７００円。子に対する加給年金は２人まで22万８７００円、３人目以降７万６２００円ずつ加算されます。

さらに配偶者の加給年金には、年金受給権者の生年月日に応じた**特別加算**があります。昭和18年４月２日以後に生まれた人の場合、16万８８００円が加算されますから、本来の加給年金と合わせると、22万８７００円＋16万８８００円＝39万７５００円になります。

このように、お得な加給年金ですが、誰にでも加算されるわけではなく、厚生年金保険に**20年以上**加入していることが要件となっています。

ですから、会社員は20年やって、加給年金を付けてもらえる権利を得てから辞めた方がいいと言えます。40万円程の加算があるのとないとでは、大きな違いです。あともう少しで20年になるという人は、退職時期を後にずらした方がいいでしょう。

3章－6

年金の手続き

請求しなければもらえない

特別支給の老齢厚生年金の請求もれに注意

年金請求書の事前送付

年金受給のためには**申請手続き**が必要

①特別支給の老齢厚生年金の受給権が発生する人

支給開始年齢の3カ月前に届く

②65歳に老齢基礎年金・老齢厚生年金の受給権が発生する人

65歳に到達する３カ月前に届く

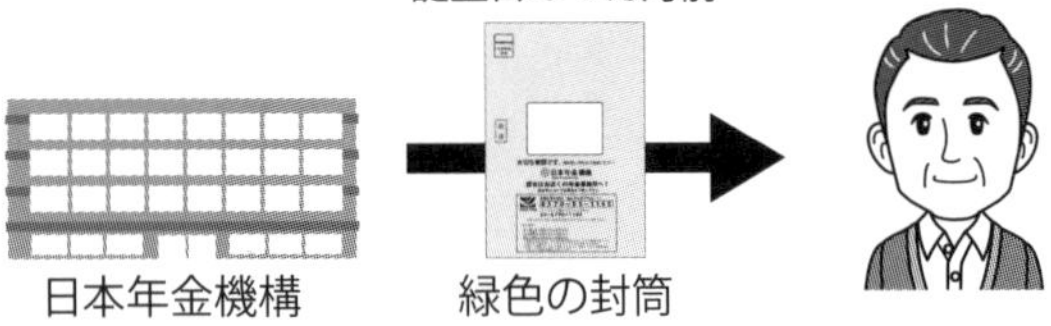

年金加入記録等があらかじめ印字された年金請求書が届く

特別支給の老齢厚生年金の受給資格が確認できない人

60歳到達月の３カ月前に①もしくは②が送られてくる

①老齢年金のご案内

65歳から老齢基礎年金・老齢厚生年金の受給が発生する人

年金に関するお知らせ（老齢年金のご案内）

②年金加入期間確認のお願い

基礎年金番号に登録されている年金加入期間では、老齢基礎年金の受給資格が確認できない人

年金に関するお知らせ（年金加入期間確認のお願い）

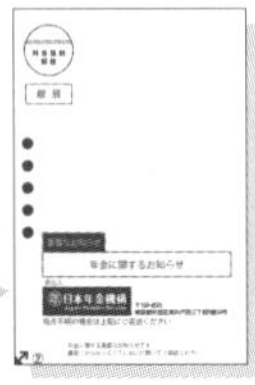

年金は自分で請求するもの

年金は、65歳（それよりも前のケースもあり）になったら自動的にもらえるようになるものではありません。

特別支給の老齢厚生年金を受給できる年齢は性別・生年月日により変わってきますので、まず第一に自分の支給開始年齢を確認することです。

そして、年金をもらえる年齢に達したら、受給するための申請手続きを行います。手続きといっても、それほど難しいことではなく、年金事務所へ「**年金請求書**」を提出するだけです。

請求書の書き方や用意する添付書類は、人によって異なることもあるので、わからないことや不明な点、確認したいことが

ポイント

年金は自動的に振込まれるものではない。自分で請求手続きをする必要あり

年金請求書の提出

年金請求書の提出までの流れ

①年金請求書が届く → ②必要事項の記入 → ③添付書類を準備する → ④提出する

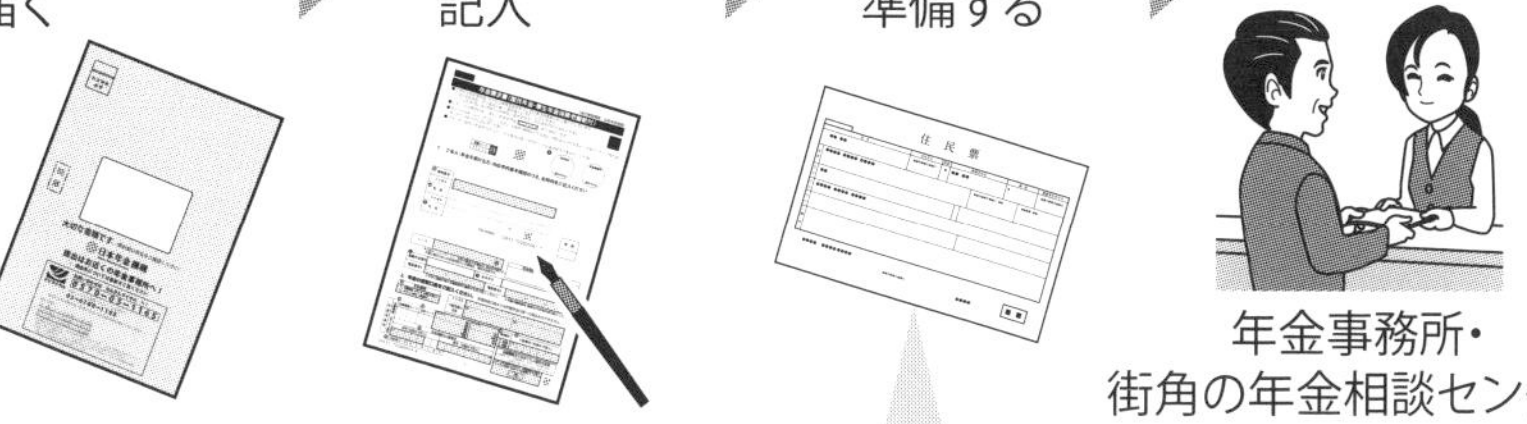

年金事務所・
街角の年金相談センター

必要になる添付書類（一例）

すべての人に必要

□戸籍謄本、戸籍抄本、戸籍の記載事項証明、住民票、住民票の記載事項証明書のいずれか

□受取先金融機関の通帳等（本人名義）
カナ氏名、金融機関名、支店番号、口座番号が記載された部分を含む預金通帳
またはキャッシュカード（コピー可）等

厚生年金の加入期間が20年以上かつ配偶者または18歳未満の子どもがいる人

□戸籍謄本（記載事項証明書）

□世帯全員の住民票の写し

□配偶者の収入が確認できる書類
所得証明書、課税（非課税）証明書、源泉徴収票等

□子の収入が確認できる書類
高等学校等在学中の場合は在学証明書または学生証のコピー等

あったら、年金事務所の窓口で聞くのがいちばんです。親切に対応してくれます。

支給開始年齢の3カ月前に年金請求書の事前送付がある

特別支給の老齢厚生年金（46ページ参照）の受給権が発生する人に対しては、支給開始年齢の**3カ月前**に、あらかじめ氏名や住所、年金加入記録などが印字されている年金請求書（事前送付用）が日本年金機構から本人あてに送付されます。

ちなみに、65歳に老齢基礎年金・老齢厚生年金の受給権が発生する人には、65歳に到達する3カ月前に、同じく年金加入記録等があらかじめ印字された年金請求書（事前送付用）が送付されます。

年金請求できる年齢（誕生日の前日）に達したら、いつでも請求可能です。なお、年金受給の消滅時効は**5年**です。特別支給の老齢厚生年金を請求していない人がまれにいます。速やかに、請求手続きを済ませるようにしましょう。

3章－7
年金の手続き

大きく変わった在職老齢年金 65歳以降も働こう！

在職老齢年金の計算方法

Ⓐ 基本月額	Ⓑ 総報酬月額相当額
加給年金額を除いた老齢厚生年金の月額	（その月の標準報酬月額）＋（その月以前１年間の標準賞与額の合計）÷12

Ⓐ＋Ⓑ≦48万円 → 全額支給

Ⓐ＋Ⓑ＞48万円 → 一部または全額支給停止

↓

調整後の年金支給月額
基本月額－（基本月額＋総報酬月額相当額－48万円）÷２

【計算例】

基本月額 16万円 ＋ 総報酬月額相当額 48万円 の場合 → 64万円＞48万円 で調整される

16万円－（16万円＋48万円－48万円）÷２＝８万円

調整後の年金支給月額…８万円

月収48万円と合わせて、１月あたり56万円の収入を確保できる

在職老齢年金とはどんな仕組みか？

70歳未満の人が年金をもらいながら働き続けると、年金が減らされることがあります。いわゆる**「在職老齢年金」**の仕組みにより減額調整されるため、本来もらえる（はずだった）年金よりも減額された年金を受取ることになります。

在職老齢年金の計算式は、上の図のとおりです。定年後も働き続けたいと考えている人は、この在職老齢年金の計算方法についてきちんと理解しておくべきです。

年金（基本月額）と給与（総報酬月額相当額）の合計額が48万円以下になるような働き方をすれば、年金を減額されません。

かつては、年金が減らされるのを嫌がり、社会保険（健康保険・厚生年金保険）に加

ポイント

在職定時改定の導入で、退職を待たずに毎年10月分から増えた年金を受取れる

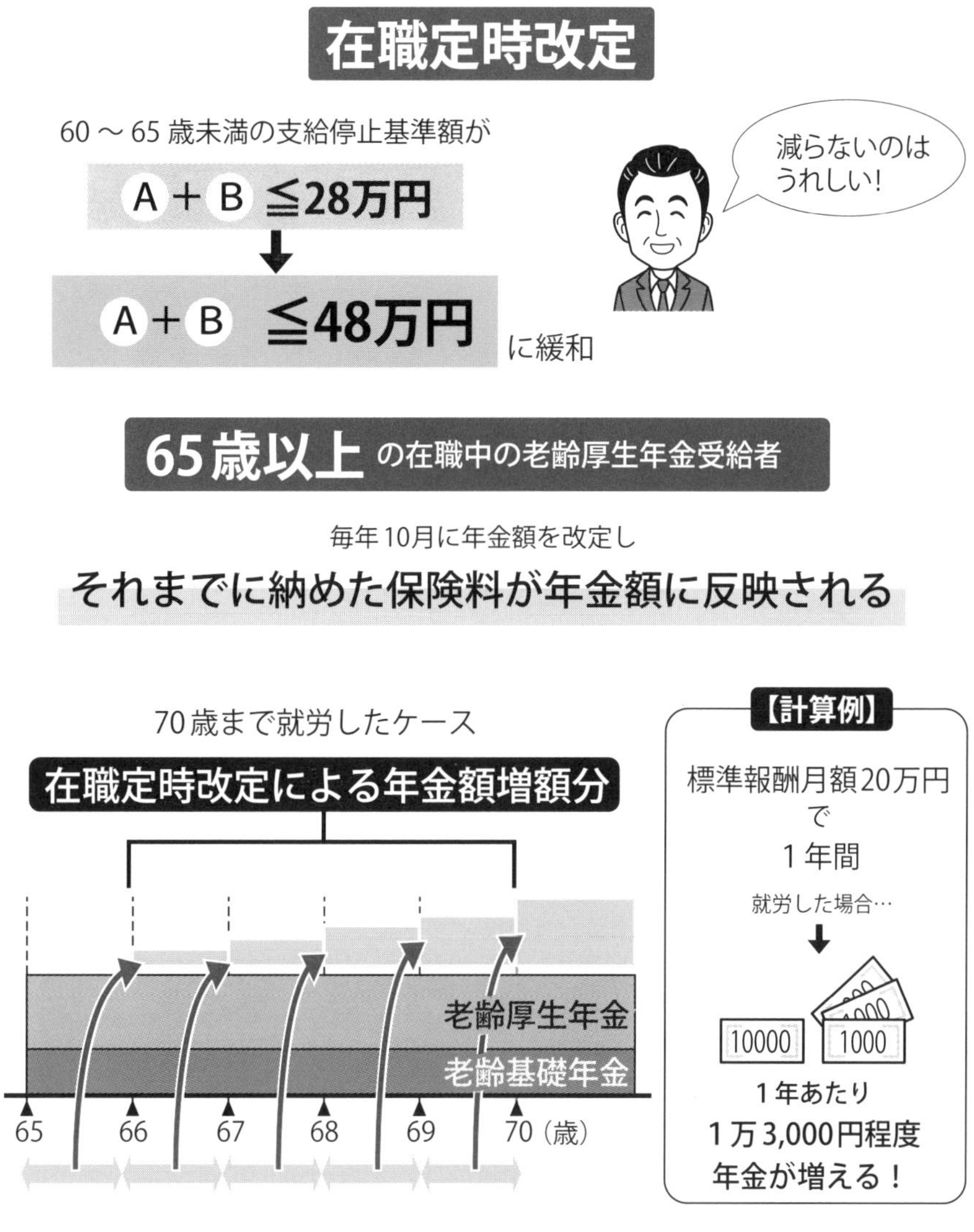
在職定時改定
60～65歳未満の支給停止基準額が
A＋B ≦28万円
A＋B ≦48万円
に緩和
減らないのはうれしい!
65歳以上の在職中の老齢厚生年金受給者
毎年10月に年金額を改定し
それまでに納めた保険料が年金額に反映される
70歳まで就労したケース
在職定時改定による年金額増額分
老齢厚生年金
老齢基礎年金
65
66
67
68
69
70（歳）
【計算例】
標準報酬月額20万円で
1年間
就労した場合…
10000
1000
1年あたり
1万3,000円程度
年金が増える！

入しないパートやアルバイトで働く選択をした人がいました。

しかし、2022（令和4）年4月の制度改正により在職老齢年金の支給停止基準額が28万円から48万円に引き上げられたことで、多くの人にとって、年金の減額を心配しながら働くということがなくなったと言えるでしょう。

在職定時改定で65歳以降の働き方も変わる

制度改正のうち、もう一つ注目すべきは**在職定時改定**です。

在職定時改定とは、厚生年金に加入しながら老齢厚生年金をもらっている65歳以上70歳未満の人が、9月1日（基準日）に被保険者である場合、翌月の10月分から年金額が見直されるというものです。

これまでは在職中に年金額が改定される制度はなかったのですが、在職定時改定は在職中でも改定されるため、払った保険料が反映されるまでに時間がかからなくなり、早期に年金が増えたことを実感できます。

3章－8

年金の手続き

年金の繰上げと繰下げ

繰下げで得するには長生きすることが条件

老齢基礎年金の繰上げ受給

生涯減額された年金を受取ることになる

【減額率】
繰上げ請求月から65歳になる日の前月までの月数×0.4%

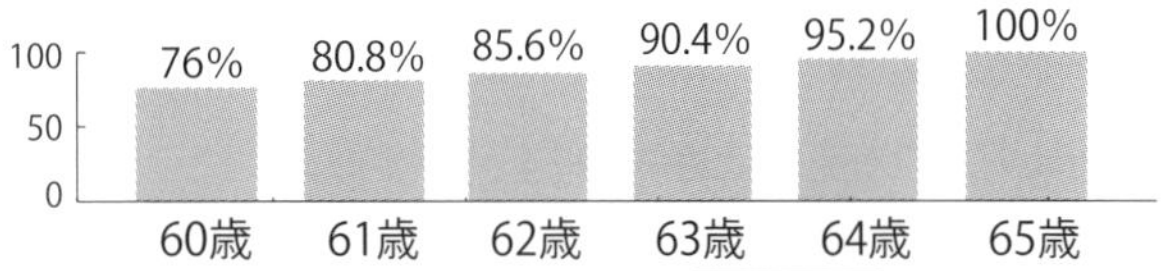

減額は一生涯続くので、繰上げの決断は慎重に

【繰上げ請求早見表】

請求時の年齢	0カ月	1カ月	2カ月	3カ月	4カ月	5カ月	6カ月	7カ月	8カ月	9カ月	10カ月	11カ月
60歳	24.0	23.6	23.2	22.8	22.4	22.0	21.6	21.2	20.8	20.4	20.0	19.6
61歳	19.2	18.8	18.4	18.0	17.6	17.2	16.8	16.4	16.0	15.6	15.2	14.8
62歳	14.4	14.0	13.6	13.2	12.8	12.4	12.0	11.6	11.2	10.8	10.4	10.0
63歳	9.6	9.2	8.8	8.4	8.0	7.6	7.2	6.8	6.4	6.0	5.6	5.2
64歳	4.8	4.4	4.0	3.6	3.2	2.8	2.4	2.0	1.6	1.2	0.8	0.4

繰上げると1カ月あたり0・4％の減額となる

年金の繰上げ受給とは、原則65歳から支給開始となる老齢基礎年金を最大5年間、早くもらうことができる制度です。早くもらい始める分、支給される年金額が切り下げられるのがデメリットとなります。

減額率は、1カ月ごとに0・4％ずつです。例えば、最大限の5年間の繰上げだと、0・4％×12月×5年＝24％の減額となります。令和5年度価額の老齢基礎年金で試算してみると、79万5000円×76％＝60万4200円になってしまうわけです。

この**年金額の切り下げは、生涯にわたって続きます**。ちなみに、60歳から老齢基礎年金を繰上げてもらい始めた場合、80歳10ヵ月あたりで、65歳から老齢基礎年

老齢基礎年金の繰下げ受給

月単位で年金額の増額が行われる

【増額率】
65歳に達した月から繰下げ申出月の前月までの月数×0.7%

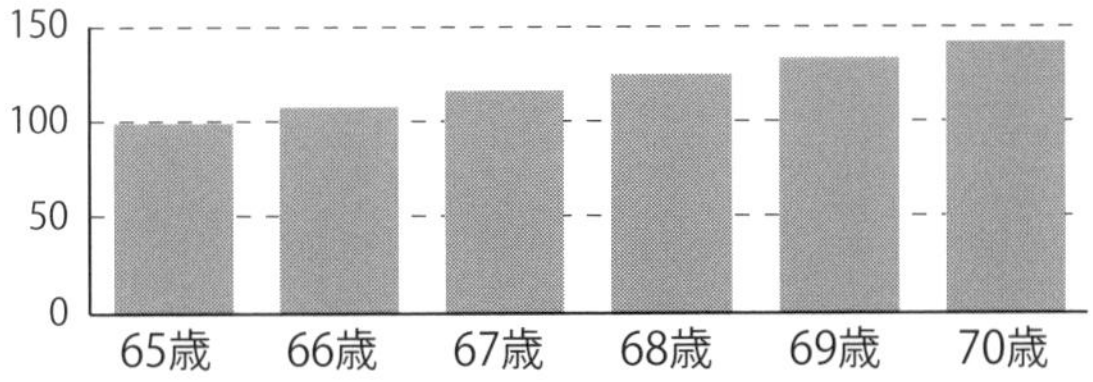

増額された年金を生涯受取ることができる

【繰下げ請求と増額率】

請求時の年齢	増額率
66歳0カ月～66歳11カ月	8.4～16.1%
67歳0カ月～67歳11カ月	16.8～24.5%
68歳0カ月～68歳11カ月	25.2～32.9%
69歳0カ月～69歳11カ月	33.6～41.3%
70歳0カ月～70歳11カ月	42.0～49.7%
71歳0カ月～71歳11カ月	50.4～58.1%
72歳0カ月～72歳11カ月	58.8～66.5%
73歳0カ月～73歳11カ月	67.2～74.9%
74歳0カ月～74歳11カ月	75.6～83.3%
75歳	84.0%

ポイント

繰下げで年金が増額されると税金や医療保険料が負担増になるデメリットもある

金をもらい始めた人の累計額とほぼ同じになります。つまり、80歳10ヵ月あたりが損益分岐点となるわけです。

繰下げると1カ月あたり0・7%の増額となる

年金の繰下げ受給は、繰上げとは逆に、65歳から支給開始となる老齢基礎年金を最大10年間、先延ばしすることができます。

繰下げによる増額率は、1カ月ごとに0・7%で、最大で0・7%×12カ月×10年＝84%の増額となります。雀の涙にもならない昨今の銀行金利と比べると、繰下げによる年金の増額は魅力的な数字です。健康で長生きに自信がある人は、繰下げを検討してみるのもいいでしょう。

ただし、長生きしない限り、繰下げの効果を得られません。例えば5年繰下げて42%増の年金をもらった場合の損益分岐点は81歳11カ月です。平均寿命（令和4年簡易生命表）は男性81・05歳、女性は87・09歳ですから、男性は平均寿命まで生きたのでは、ほぼトントンというところです。

3章－9

年金の手続き

65歳時の年金請求手続きについて 受給が始まった後の手続き

扶養親族等の申告

65歳未満　　65歳以上

108万円以上の老齢年金をもらっている人

158万円以上老齢年金をもらっている人

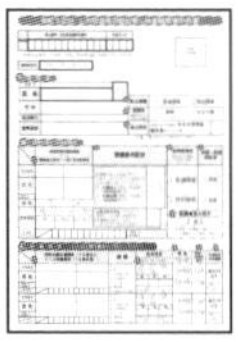

「扶養親族等申告書」が届く

所得税の源泉徴収の対象となる年金受給者に対して日本年金機構が送付している

申告書の提出

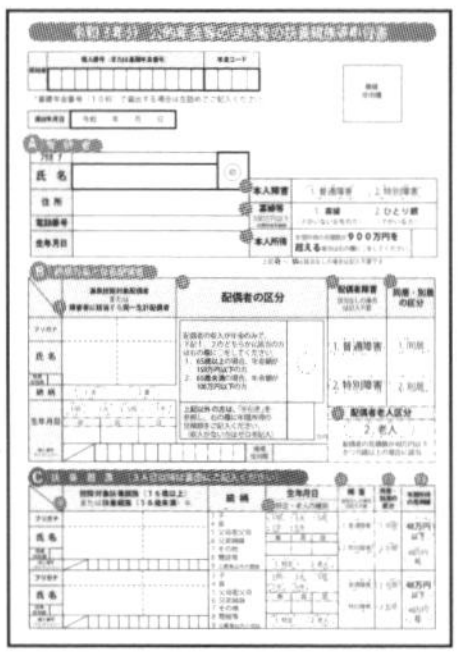

扶養親族等申告書

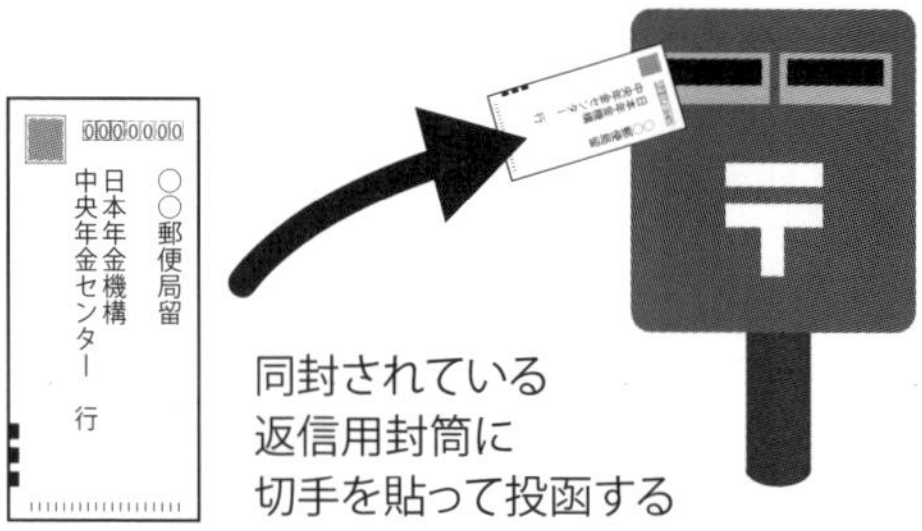

同封されている返信用封筒に切手を貼って投函する

日本年金機構から送られてくる通知書等

通常であれば、年金請求書を提出してから約2カ月後に**「年金証書」**と**「年金決定通知書」**が日本年金機構から郵送されてきます。

年金証書は、年金を受ける権利の証明として交付される書面です。年金決定通知書は、年金額が決定された場合または年金額に変更が生じた場合に、年金額等をお知らせする書面になります。年金決定通知書を見ると、自分が正式に受取れる年金がわかります。

次に、送られてくるのが**「年金振込通知書」**。これは金融機関等の口座振込で年金を受取っている人に対して、各支払期の年金支払い額等のお知らせをするものです。

ポイント

65歳時の年金請求を忘れていると年金の支払いが一時保留されてしまう

65歳になったときの年金請求

特別支給の
老齢厚生年金を
受給している人が
65 歳になったら…

特別支給の老齢厚生年金に代わり
新たに
老齢基礎年金
老齢厚生年金
を受給することになる

年金請求書（ハガキ形式）の提出が必要

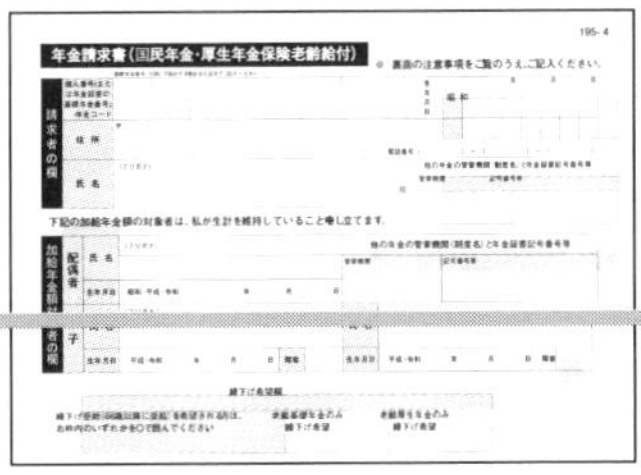

年金請求書（国民年金・厚生年金保険老齢給付）
65歳になる誕生月の初め頃に送付されてくる

誕生月の末日までに必ず提出する

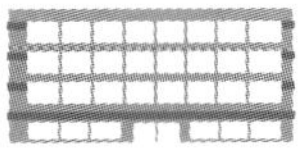

拡大
↓

老齢基礎年金を繰下げたい場合
↓
ここに○をつける

老齢厚生年金を繰下げたい場合
↓
ここに○をつける

繰下げ希望欄		
繰下げ受給（66歳以降に受給）を希望される方は、右枠内のいずれかを○で囲んでください。	老齢基礎年金のみ繰下げ希望	老齢厚生年金のみ繰下げ希望

※年金生活者支援給付金の支給要件に該当する方は、別途、請求が必要です。

両方を繰下げ希望の場合 → この「年金請求書」を提出しない

65歳になったときの手続き

老齢年金の受給が始まった後の手続きとして、大事なのは**「公的年金等の受給者の扶養親族等申告書」**です。

一定額以上の年金をもらっている人に対して、毎年9月中旬以降に郵送されてきます。配偶者などの親族がいる場合は、必要事項を記入し、12月の指定期限までに提出します。この書面を提出すると、年金から源泉徴収される所得税が少なくなります。

そして、65歳になるときに送られてくるのが**「年金請求書**（国民年金・厚生年金保険老齢給付）**」**であり、65歳になる誕生月の初め頃に送付されます。

これは特別支給の老齢厚生年金の支給が終了して、本来の老齢基礎年金と老齢厚生年金を請求するものです。

引き続いて年金を受給するか、それとも繰下げするか確認するのが、この手続きの目的とされています。繰下げをしたい人は「繰下げ希望」に丸をして、提出する（返送する）ことになります。

column

老齢基礎年金を満額にする方法

会社員は未納期間をどうしたらいい？

会社員が老後に受給する年金は、１階が老齢基礎年金（国民年金）、２階が老齢厚生年金（厚生年金）の２階建てになるのが基本です。

１階部分にあたる老齢基礎年金は満額で79万5,000円（令和５年度価額）です。満額の老齢基礎年金をもらうには、20歳から60歳までの40年（480月）の保険料納付済期間があることが条件になります。未納月がある人は、国民年金に任意加入（44ページ参照）して、保険料納付済の月数を480月にして、１階部分の老齢基礎年金を満額にしましょう。

もっとも、任意加入は60歳以降に自営業等を始めたり、パート・アルバイトなど社会保険（健康保険・厚生年金保険）に加入しないで働いている人が対象となります。60歳を過ぎても継続勤務するなど、厚生年金の加入者として働く人は任意加入できません。

厚生年金に加入していれば“経過的加算”がある

現行法では70歳まで厚生年金に加入することができますから、数カ月の未納期間は、経過的加算（20歳前、60歳以後の基礎年金相当額を厚生年金から支給する）があるので、未納月分の穴埋めができます。ですから、任意加入するために、わざわざ会社を辞める必要はありません。

例えば学生時代の未納期間が数カ月ある人は、60歳を過ぎても厚生年金に加入して働き続け、経過的加算額を積み上げることで、実質的に老齢基礎年金を満額もらえる効果が期待できるわけです。

経過的加算

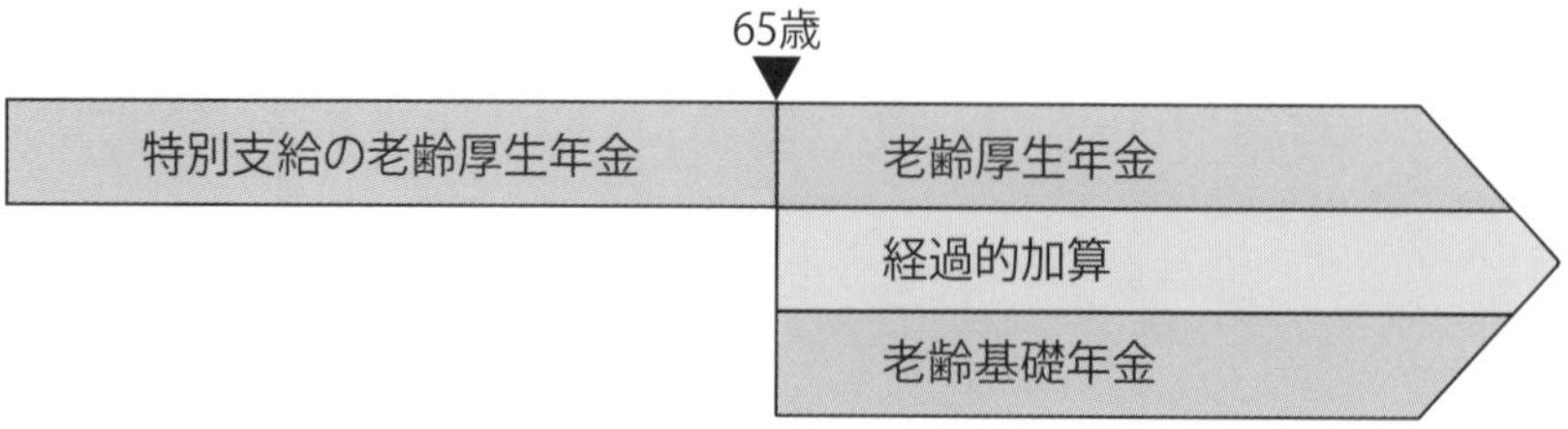

20歳未満と60歳以後の厚生年金の加入期間は、厚生年金の加入期間が480月になるまで、経過的加算として支給されます。

4章
健康保険の手続き

4章－1
健康保険の手続き

退職後の医療保険

短時間労働者でも社会保険に加入できることがある

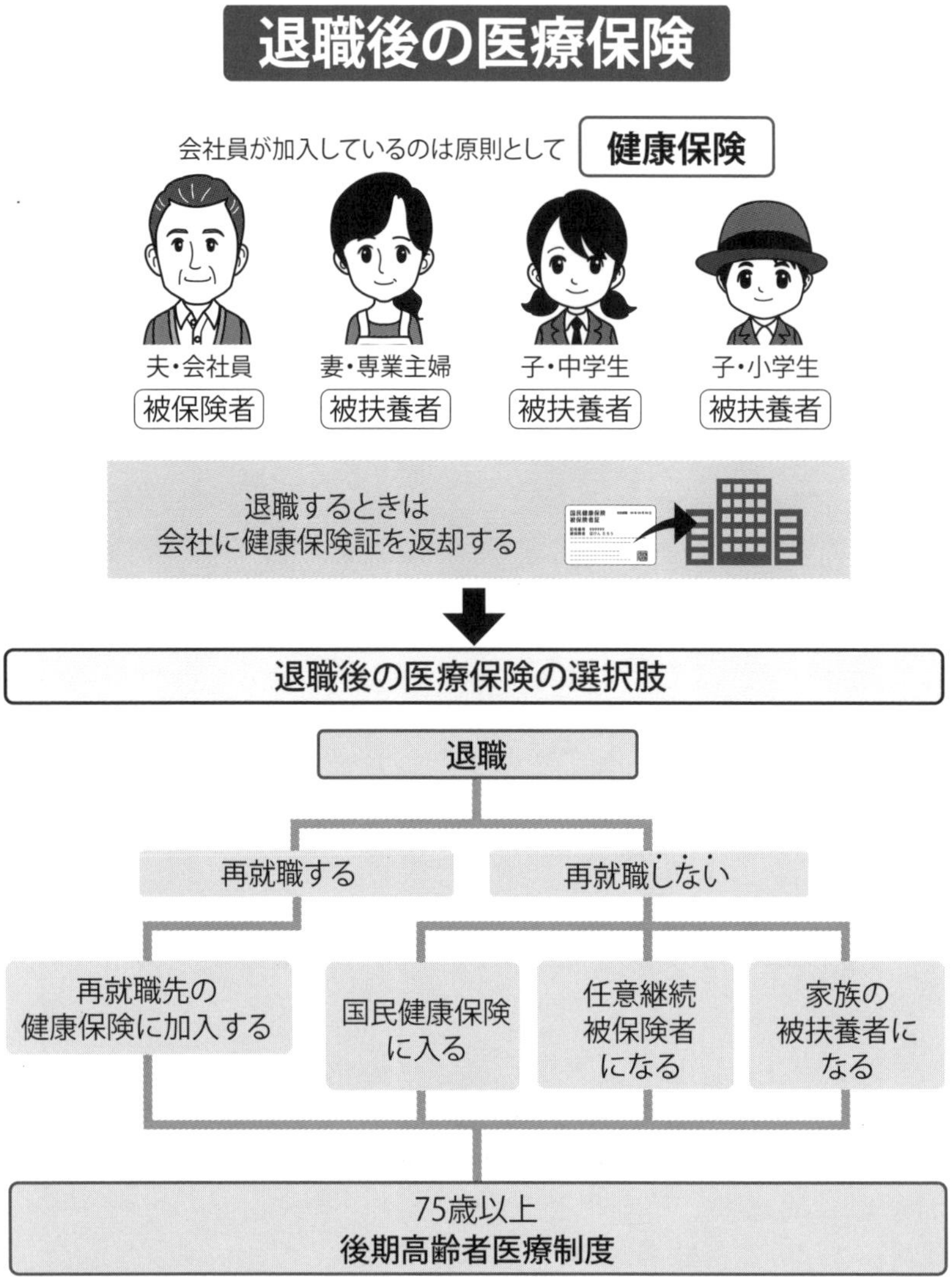
退職後の医療保険
会社員が加入しているのは原則として
健康保険
夫・会社員
被保険者
妻・専業主婦
被扶養者
子・中学生
被扶養者
子・小学生
被扶養者
退職するときは
会社に健康保険証を返却する
退職後の医療保険の選択肢
退職
再就職する
再就職しない
再就職先の
健康保険に加入する
国民健康保険
に入る
任意継続
被保険者
になる
家族の
被扶養者に
なる
75歳以上
後期高齢者医療制度

日本は国民皆保険

わが国では**国民皆《かい》保険**が制度化されていて、原則として、私たちすべての国民は何らかの医療保険に加入しなければなりません。すべての人が公的医療保険に加入できるメリットは非常に大きく、日本が世界に誇るべき社会保険システムだといわれています。

会社員であれば健康保険に、自営業者等は国民健康保険に加入します。健康保険が被用者（会社員等）を対象としているのに対し、国民健康保険は地域住民等を対象としています。

選択肢は3プラス1

定年退職後は、会社の健康保険を脱退し、

多くの人は次の3つの選択肢の中から退職後の医療保険を選ぶことになります。

①国民健康保険に入る
②任意継続被保険者になる
③家族の被扶養者になる

このほかに、**再就職して新しい会社の健康保険に加入する**ということもあります。また、継続雇用の形で現在の会社で働き続ける場合であっても、1日または1週間の労働時間が通常の労働者の**4分の3以上**であれば、健康保険に引き続き加入することになります。

例えば、フルタイムで働く正社員の1日の労働時間が8時間である場合、8時間×4分の3＝6時間以上の労働時間ならば、健康保険に加入するのです。

いわゆる4分の3基準と呼ばれるものですが、平成28年10月1日以降、4分の3基準を満たさなくても、社会保険（健康保険・厚生年金保険）に加入できる適用拡大が進められ、パートタイマー・アルバイト等の短時間労働者でも社会保険に加入できる人が増えています。

ポイント

短時間労働者も社会保険加入で働けば、手厚い保障を受けられる！

短時間労働者の社会保険加入

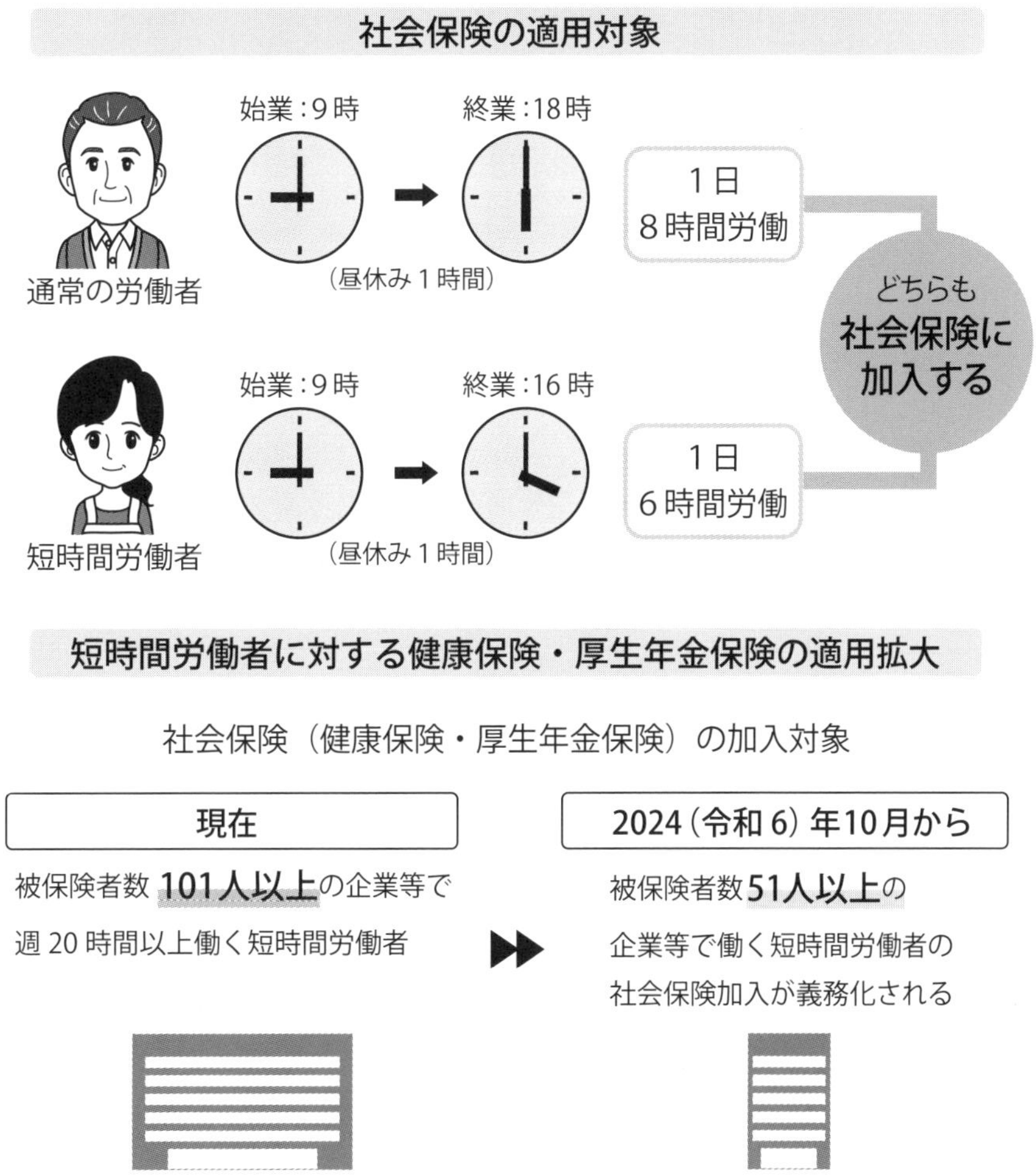
社会保険の適用対象
通常の労働者
始業：9時
終業：18時
（昼休み1時間）
1日
8時間労働
短時間労働者
始業：9時
終業：16時
（昼休み1時間）
1日
6時間労働
どちらも
社会保険に
加入する
短時間労働者に対する健康保険・厚生年金保険の適用拡大
社会保険（健康保険・厚生年金保険）の加入対象
現在
被保険者数 101人以上の企業等で
週20時間以上働く短時間労働者
2024（令和6）年10月から
被保険者数51人以上の
企業等で働く短時間労働者の
社会保険加入が義務化される

退職後の医療保険はほぼ任意継続で決まり！

健康保険の任意継続って何？

任意継続被保険者とは

会社などを退職して、健康保険の被保険者資格を喪失したとき

一定の条件のもと本人の希望により

被保険者として継続することができる

被保険者を続けたいです

任意継続被保険者となるための条件

①資格喪失日の前日までに、継続して２カ月以上の被保険者期間があること

②資格喪失日から20日以内に被保険者になるための申請をすること

の２つが必要

いつまでに？

資格喪失日から ――― 20日以内に届出る

前日	1	2	……	19	20	……

被保険者 ― 継続して２カ月以上 → 任意継続被保険者

申請が１日でも遅れてしまうとアウト！

任意継続被保険者か国民健康保険か？

前項で定年退職後の医療保険の選択肢として、①国民健康保険に入る、②任意継続被保険者になる、③家族の被扶養者になる、の3つの選択肢を示しましたが、③は家族に健康保険被保険者がいる必要があることから、**①か②のどちらかを選ぶことになる人がほとんど**です。

②の**任意継続被保険者**とは、健康保険の被保険者資格の喪失後において、任意に引き続いて被保険者となれる制度です。つまり、会社を辞めた後も、いままで加入していた健康保険に留まれるというものです。

任意継続被保険者になるには、いくつかの要件をすべて満たす必要があります。と

ポイント

任意継続では在職中と同じ健康保険に加入できるが、保険料負担は2倍になる

任意継続の手続き

必要書類

健康保険
任意継続被保険者
資格取得申出書

手続先

住所地を管轄する
協会けんぽ支部
または加入していた健康保険組合

…協会けんぽの場合…

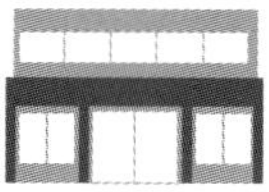

東京都在住の人なら東京支部

保険料の額（協会けんぽの場合）

退職時の標準報酬月額 × 住所地の都道府県の保険料率

40歳以上65歳未満の人は、介護保険料率が含まれる
東京都の場合は11.82%（令和５年３月分〜）

※保険料には上限があり、退職時の標準報酬月額が30万円を超えている人は、30万円で計算された保険料となる。

任意継続被保険者の被保険者期間

任意継続被保険者となった日から2年間

くに、被保険者の資格を喪失した日から**20日以内**（20日目が営業日ではない場合は翌営業日まで）に保険者《ほけんじゃ》（協会けんぽもしくは健保組合）に申し出ることが重要です。この申請が1日でも遅れてしまうと、任意継続被保険者にはなれません。協会けんぽの場合は、自宅住所地を管轄する全国健康保険協会の都道府県支部に申し出を行います。

任意継続なら家族を扶養にできる

任意継続被保険者になるか国民健康保険を選ぶかですが、選択の基準は、どちらの保険料が安いかということがいちばんの決定要因となるでしょう。

率直に言って、任意継続被保険者を選択した方が、被扶養者の保険料を支払わなくてもいいなど、メリットが多いです。

ただし、**保険料は労使折半ではなくなるため**、**在職中の2倍**になります。それから任意継続できるのは最大で**2年間**となっています。いつまでも使える制度ではありません。

国民健康保険に加入する場合

健康保険に入らない人は国民健康保険へ

国民健康保険の加入手続き

国民健康保険被保険者異動届

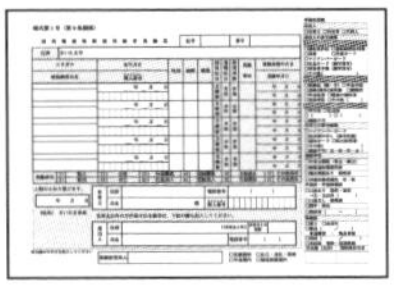

住所地の市区町村役場の国民健康保険課の窓口に提出する

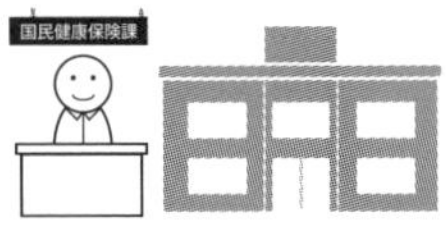

届け出の期間

国民健康保険に加入すべき事由が発生した日から14日以内

	1日目	2日目	3日目			
退職日	資格喪失日					14日目
↑ 離職	↑ 健康保険の被保険者資格を失う					↑ 国保への加入届の締切

加入手続き ※さいたま市の例

1.国民健康保険被保険者異動届

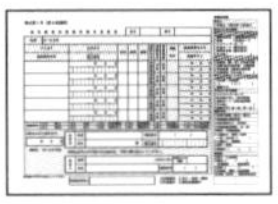

2.来庁する人の本人確認資料

マイナンバーカード、運転免許証等の顔写真付きのもの　または　顔写真のない本人確認資料２点以上

3.世帯主および国民健康保険に加入する人のマイナンバーがわかるもの

マイナンバーカード、通知カード等

4.キャッシュカード、通帳、口座届出印

5.手続きに必要な書類等

健康保険の資格喪失証明書など

（→84ページ参照）

市区町村によって必要書類等が異なる場合もあるので、事前に問い合わせをした上で出向いた方がよい。

手続きは市区町村の窓口で

定年退職後、健康保険の任意継続被保険者を選択しなかった人のほとんどは、国民健康保険に加入することになります。

国民健康保険に切り替える場合は、退職日の翌日以降**14日以内**に、住所地の市区町村役場・国民健康保険課の窓口で手続きします。必要書類等は、身分証明書や健康保険の資格喪失証明書などです。

また定年よりも前に、60歳未満の年齢で会社を辞めて再就職をしていない人は、**国民年金**へ加入しなければならないので、あわせて年金の手続きも済ませてしまいましょう。

年金の方は、国民年金の第2号被保険者から第1号被保険者に切り替わります。それから、妻も第3号被保険者から第1号被保険者になります。夫の退職によって、会社員の妻ではなくなるわけで、妻自身が保険料を支払うことになります。

前年の所得で計算される国民健康保険の保険料

国民健康保険の保険料は、定年退職した前年度の収入等によって決定されるため、在職中の健康保険の保険料よりもかなり高額となる場合が少なくありません。

保険料の計算方法は、市区町村により異なるので、詳しくは国民健康保険課の窓口で問い合わせてみましょう。保険料の算出もしてくれます。

意外に思う人がいるかもしれませんが、国民健康保険の保険料は市区町村ごとに独自の算出を行うため、保険料は住む場所によって違ってきます。

また、保険料の減免措置がある自治体もあり、場合によっては健康保険の任意継続より保険料負担が軽くなるケースもあります。

健康保険と国民健康保険の比較

健康保険		国民健康保険
●病気・ケガ 療養の給付　移送費 療養費　家族療養費 高額療養費　家族移送費 傷病手当金 入院時食事療養費 入院時生活療養費 保険外併用療養費 訪問看護療養費 高額介護合算療養費 家族訪問看護療養費 ●死亡 埋葬料（費）、家族埋葬料 ●出産 出産育児一時金、出産手当金、 家族出産育児一時金	保険給付	●病気・ケガ 療養の給付 療養費 高額療養費 入院時食事療養費 入院時生活療養費 保険外併用療養費 訪問看護療養費 高額介護合算療養費 特別療養費 移送費 ●死亡 葬祭費（葬祭の給付） ●出産 出産育児一時金
保険料　11.82％を労使折半 ※令和5年3月分～ ※東京都：介護保険第2号被保険者に該当する場合	保険料	前年の所得に基づいて計算される。算定方法や保険料率は市区町村によって異なる。
3割負担（70歳未満） ●自己負担（家族） 70歳未満：3割 70歳以上：2割 （現役並み所得者は3割） ※小学校就学前は2割	自己負担（本人）	70歳未満：3割 70歳以上：2割 （現役並み所得者は3割） ※小学校就学前は2割

ポイント

国民健康保険は通常会社員時代より保険料負担が重くなる

4章－4
健康保険の手続き

家族の扶養なら保険料不要

配偶者や子どもが加入する健康保険の扶養に入る

被扶養者の範囲

3親等内の親族なら被扶養者になれる

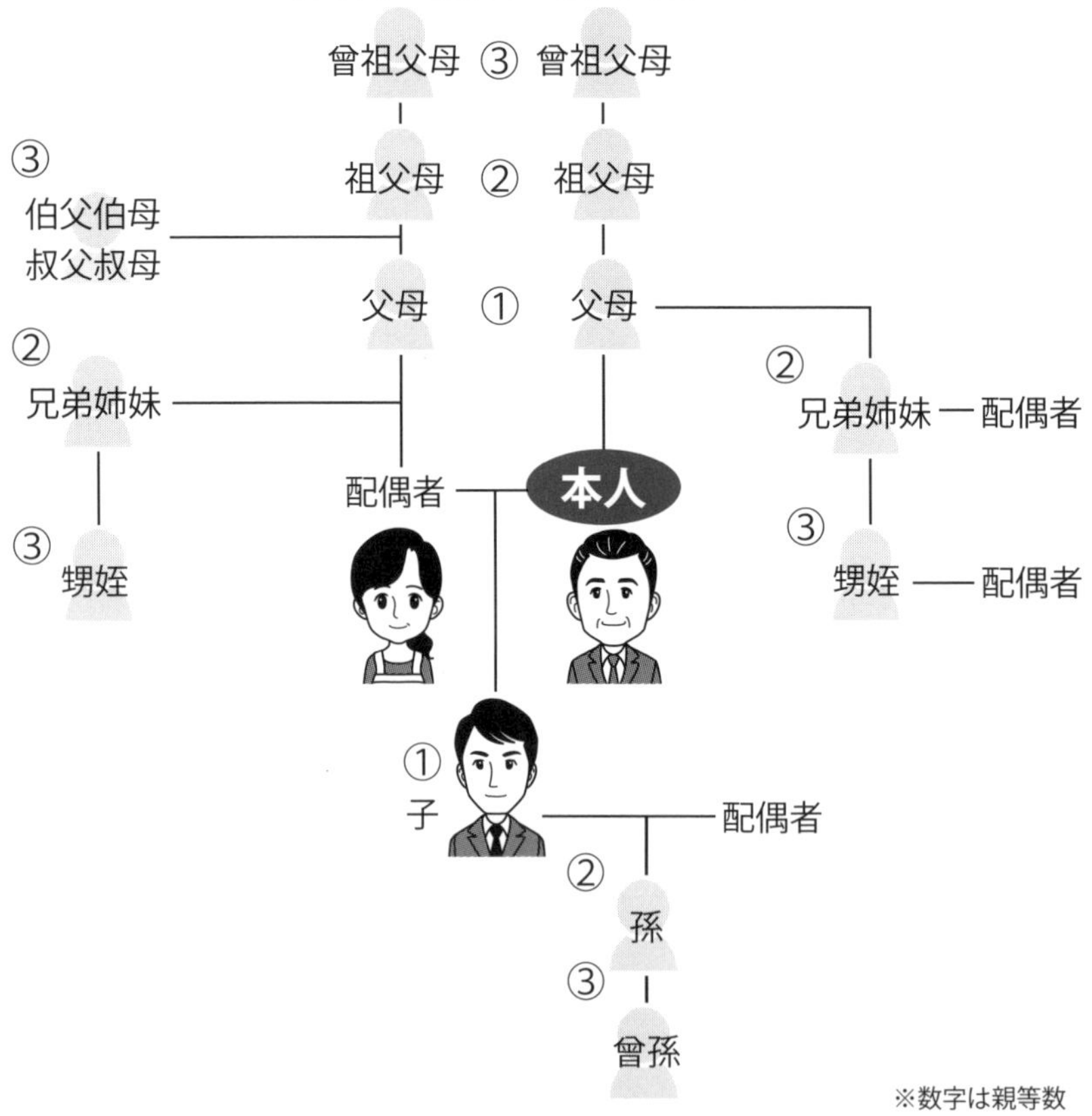

※数字は親等数

率直に言って…

保険料の負担がない家族扶養に入るのがいちばんお得

妻や子どもの被扶養者になるという選択肢

ここまで定年退職後の医療保険の選択肢について説明してきましたが、最後に「家族の扶養になる」ケースを検討してみましょう。

配偶者や子どもの被扶養者になる場合が、これにあてはまります。要するに、配偶者や子どもの加入している健康保険の被扶養者になるわけです。もちろん誰でも被扶養者になれるわけではなく、被扶養者の範囲や年収、所得などの制限がありますので、この点をクリアしなければなりません。

健康保険に加入している家族が**3親等内**の親族であることが条件ですが、配偶者や子どもは3親等内ですから大丈夫です。

それから、その家族によって生計を維持

ポイント

60歳以上で年収180万円未満ならば家族の健康保険に入るのがいちばんお得

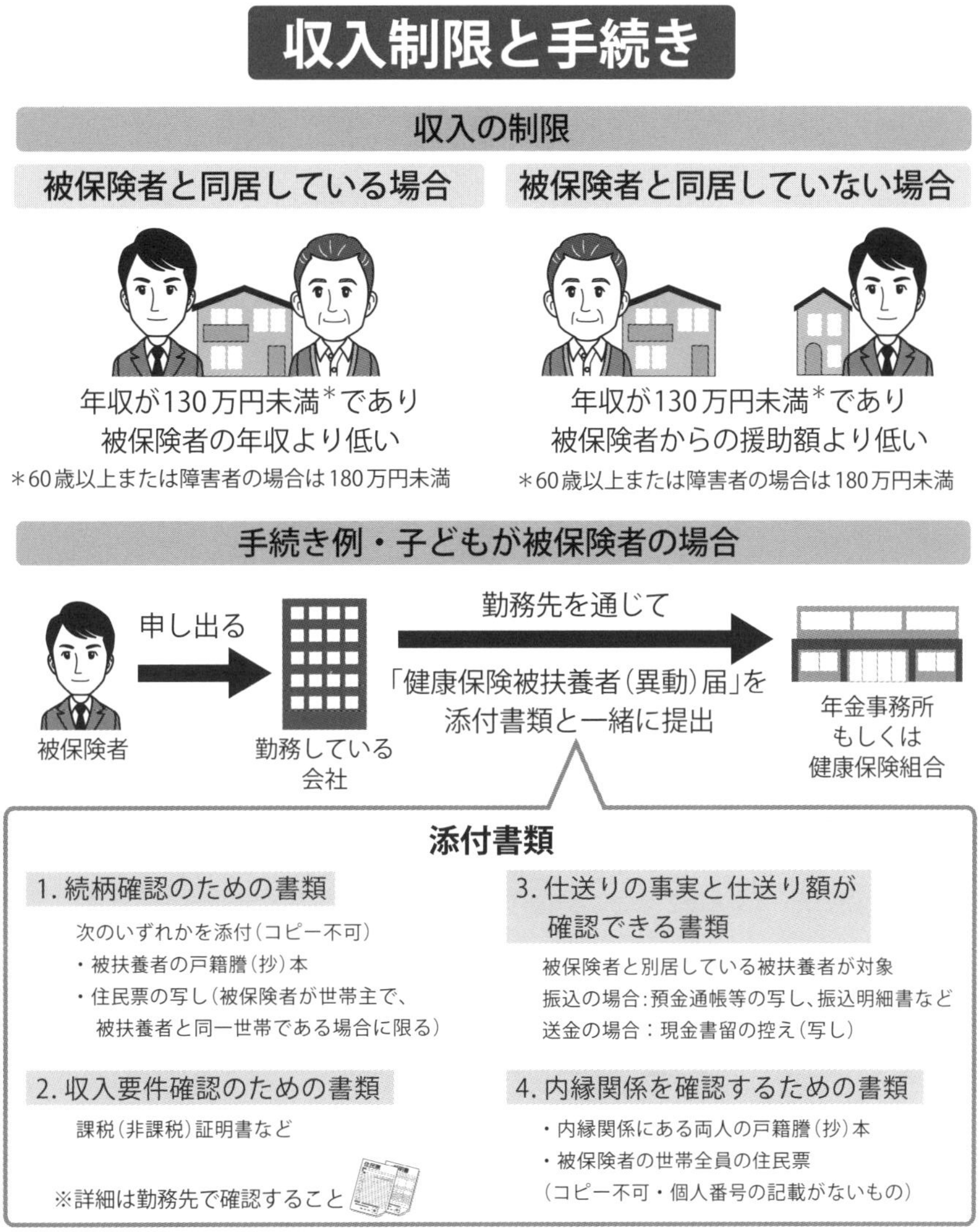
収入制限と手続き
収入の制限
被保険者と同居している場合
年収が130万円未満＊であり
被保険者の年収より低い
＊60歳以上または障害者の場合は180万円未満
被保険者と同居していない場合
年収が130万円未満＊であり
被保険者からの援助額より低い
＊60歳以上または障害者の場合は180万円未満
手続き例・子どもが被保険者の場合
被保険者
申し出る
勤務している会社
勤務先を通じて
「健康保険被扶養者（異動）届」を添付書類と一緒に提出
年金事務所もしくは健康保険組合
添付書類
1. 続柄確認のための書類
次のいずれかを添付（コピー不可）
・被扶養者の戸籍謄（抄）本
・住民票の写し（被保険者が世帯主で、被扶養者と同一世帯である場合に限る）
2. 収入要件確認のための書類
課税（非課税）証明書など
※詳細は勤務先で確認すること
3. 仕送りの事実と仕送り額が確認できる書類
被保険者と別居している被扶養者が対象
振込の場合：預金通帳等の写し、振込明細書など
送金の場合：現金書留の控え（写し）
4. 内縁関係を確認するための書類
・内縁関係にある両人の戸籍謄（抄）本
・被保険者の世帯全員の住民票
（コピー不可・個人番号の記載がないもの）

されていることが必要です。年収**130万円未満**であること（60歳以上または障害者の場合は**180万円未満**）、被保険者の年収の2分の1未満であることなどが条件となります（同居の場合）。

離れて暮らしていても、収入を上回る仕送りを受けているなど、生計維持されている事実を証明することで「被扶養者」に入れます。

また、雇用保険から一定以上の失業給付（基本手当）を受けている期間（待期期間および給付制限期間を除く）は、被扶養者になれませんので注意しましょう。

保険料負担がないのが最大のメリット

配偶者や子どもの被扶養者になるメリットは、何といっても保険料の負担がなくなることです。任意継続被保険者や、国民健康保険に加入する場合は、当然のことながら保険料の支払いが発生するわけであって、別途保険料の負担がない被扶養者になるメリットは非常に大きいといえます。

後期高齢者医療制度

75歳以上の人が加入する独立した医療制度

70歳から74歳の医療保険

60歳、65歳、そして次の節目の年齢は70歳です。70歳になると、75歳になるまでの間、保険者から**「高齢受給者証」**が交付されます。

高齢受給者証は、加入している医療保険制度にかかわらず、70歳以上の被保険者および被扶養者の人に交付されるものです。

交付時期は70歳の誕生月。使用開始日は70歳の誕生日の翌月の1日からとなります。

交付された高齢受給者証は、医療機関等の窓口での自己負担の割合を示す証明書であり、所得状況等によって1～3割負担のいずれかの数字が記載されています。受診されるときは、健康保険証とあわせて高齢受給者証を提示します。

高齢受給者証

高齢受給者証の交付

70歳から74歳までの人は**「高齢受給者」**となる
（後期高齢者に該当する人を除く）

発行の手続きは不要

〈協会けんぽの場合〉

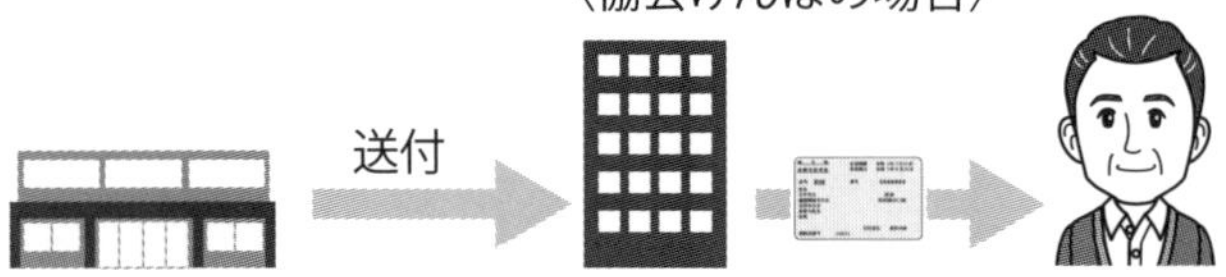
送付
協会けんぽなどの各機関
会社
70歳の誕生日を迎える被保険者（従業員）
使用開始日は翌月の1日から

一部負担金の割合

〈協会けんぽの場合〉

70歳以上の被保険者	標準報酬月額が28万円未満	1割または2割
	標準報酬月額が28万円以上	3割

国民健康保険の被保険者にも高齢受給者証が交付される

一部負担金の割合も記載されている

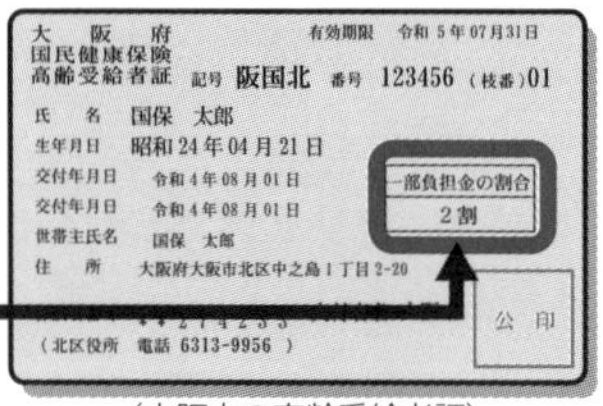
大阪府
国民健康保険
高齢受給者証
有効期限 令和5年07月31日
記号 阪国北 番号 123456 (枝番)01
氏名 国保 太郎
生年月日 昭和24年04月21日
交付年月日 令和4年08月01日
交付年月日 令和4年08月01日
世帯主氏名 国保 太郎
住所 大阪府大阪市北区中之島1丁目2-20
（北区役所 電話 6313-9956 ）
一部負担金の割合
2割
公印
（大阪市の高齢受給者証）

最近は、保険証と高齢受給者証が一体化されたものが多い

ポイント

年金額が年18万円以上の人は、後期高齢者医療の保険料が年金から天引きされる

高齢者の医療保険の適用

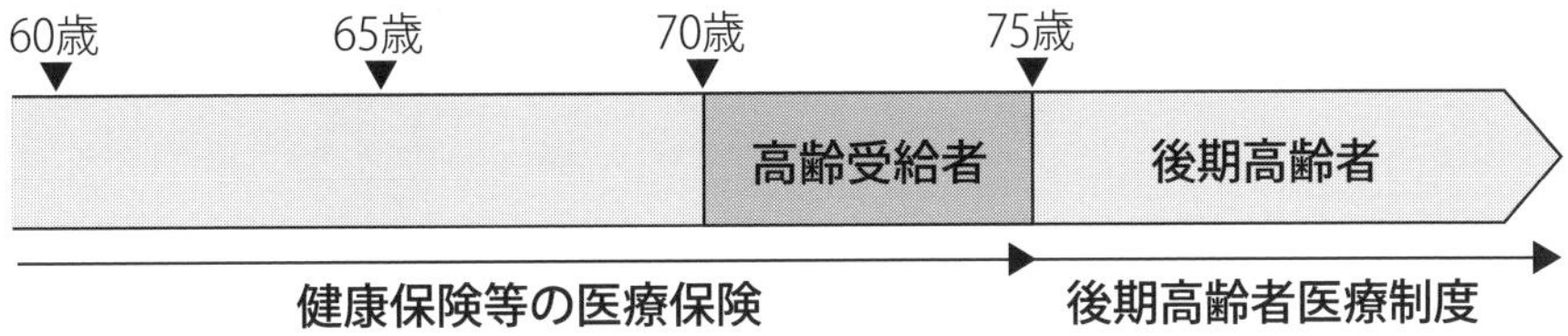

60歳
65歳
70歳
75歳
高齢受給者
後期高齢者
健康保険等の医療保険
後期高齢者医療制度

現役並み所得者とは？

健康保険の場合	標準報酬月額28万円以上の70歳から74歳の被保険者
国民健康保険の場合	住民税の課税所得が145万円以上の70歳から74歳の被保険者
後期高齢者医療制度の場合	住民税の課税所得が145万円以上の被保険者

自己負担の割合は"3割"となる

ただし、被保険者の収入額が
・同一世帯２人以上で520万円未満
・単身で383万円未満
の場合 → 申請により１割または２割負担となる

つまり
現役並み所得者とされるのは…

国民健康保険や後期高齢者医療制度の加入者は、住民税の課税所得が145万円以上ある人

健康保険の加入者は、標準報酬月額が28万円以上ある人

ケガや病気のために医療機関で受診した場合は〝3割負担〟と刷り込まれている人が多いと思いますが、70歳以上になると自己負担が2割、1割になったりするのです（所得の多い人は3割：現役並み所得者といいます）。

75歳になると加入する後期高齢者医療制度

さらに75歳になると、それまで加入していた医療保険制度を脱退して、**後期高齢者医療制度**に移行します。

この年齢になると、他の医療保険制度を選択する余地はなくなります。家族の扶養になっていた人も、75歳になると外れます。会社勤めだった人も自営業者だった人も皆同じく、医療保険は後期高齢者医療制度ということになるわけです。

もっとも後期高齢者になっても、実質的な保険からの給付内容はいままでとほとんど同じです。保険料の支払いは、多くの人が年金から天引きされる「**特別《とくべつ》徴収《ちょうしゅう》**」となります。

column

年金と基本手当はダブってもらえない

年金と雇用保険からの給付の調整

特別支給の老齢厚生年金と雇用保険の基本手当は、同時にもらうことができません。また、厚生年金の被保険者で、年金を受給している人が雇用保険の高年齢雇用継続給付を受けているときは、在職老齢年金の支給停止に加えて、年金の一部が支給停止されます。

非常にわかりづらいところなので、ここで整理してみましょう。

特別支給の老齢厚生年金など 65歳になるまでの老齢年金の受給者

求職の申込みを行った翌月から、失業保険（基本手当）の受給が終わる月まで、年金が全額支給停止されます。求職の申込みをしなければ、年金は支給停止されないので、ここは、有利な方を選ぶべき。なお、失業保険（基本手当）の受給中に65歳になった場合は、その翌月から年金が全額支給され、失業保険（基本手当）と年金の併給が可能になります。

高年齢雇用継続給付と年金の併給調整

年金受給者*が、雇用保険の高年齢雇用継続給付（高年齢雇用継続基本給付金・高年齢再就職給付金）を受けられるときは、年金の一部が支給停止になります。 ＊特別支給の老齢厚生年金、繰上げ支給の老齢厚生年金の受給者

→最高で賃金の6％相当額の年金が支給停止となる

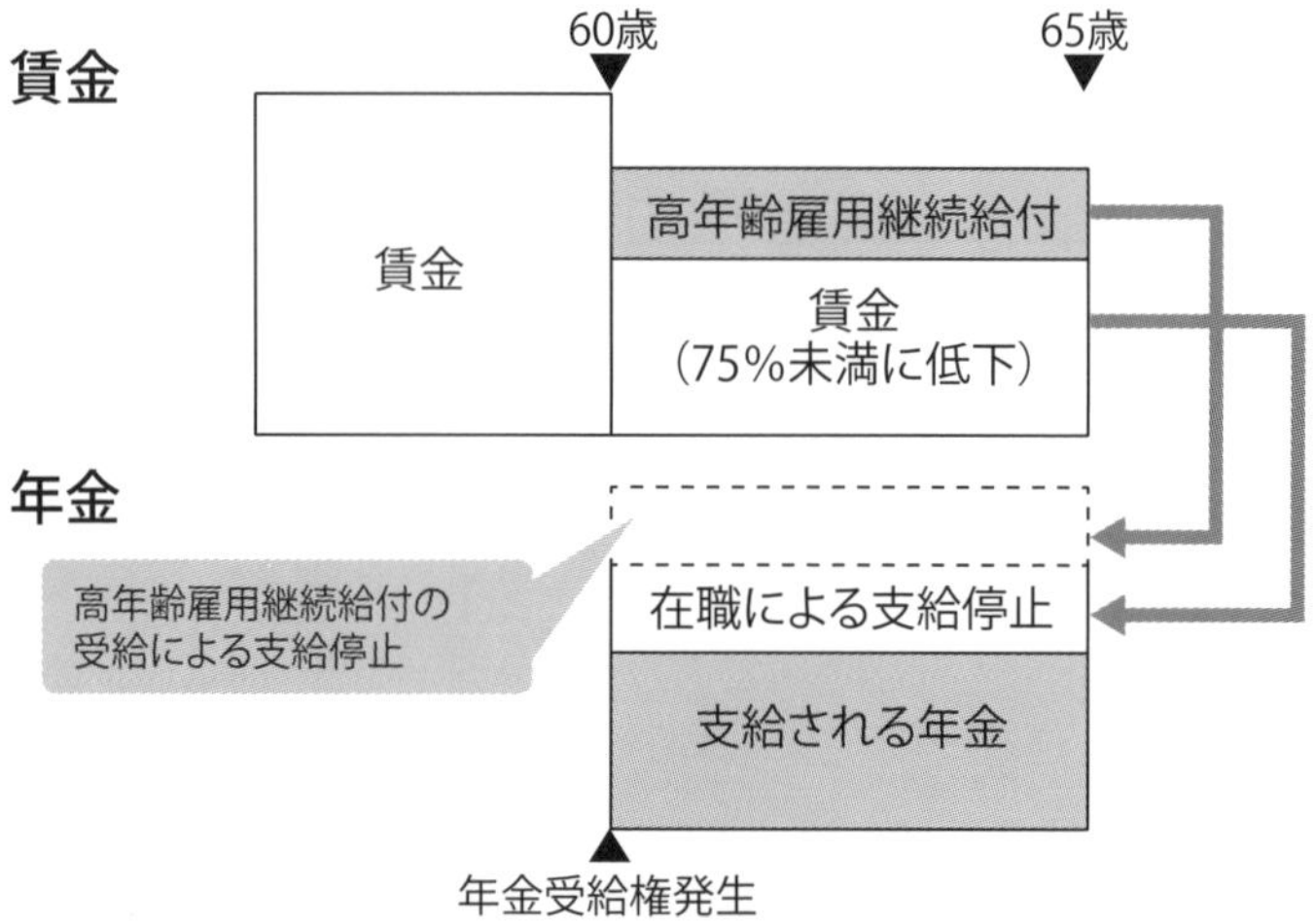

5章
税金の手続き

退職金に税金がかかる場合

所得税と住民税がかかるかも?

退職金にかかる税金

計算の方法

（退職金の額 − 退職所得控除額）× 1/2 ＝ 課税退職所得金額

課税退職所得金額 × 所得税の税率 − 控除額 ＝ 所得税額（基準所得税額）

所得税額 ＋ 基準所得税額 × 2.1% ＝ 所得税及び 復興特別所得税の源泉徴収税額

一般の場合の退職所得控除額

勤続年数	退職所得控除額
20年以下	40万円 × 勤続年数（80万円に満たない場合は80万円）
20年超	800万円＋70万円 ×（勤続年数−20年）

所得税の税率

求める税額 ＝ Ⓐ × Ⓑ − Ⓒ

Ⓐ 課税退職所得金額		Ⓑ 税率	Ⓒ 控除額
1,950,000円以下		5 %	0 円
1,950,000円超	3,300,000円まで	10%	97,500 円
3,300,000円超	6,950,000円まで	20%	427,500 円
6,950,000円超	9,000,000円まで	23%	636,000 円
9,000,000円超	18,000,000円まで	33%	1,536,000 円
18,000,000円超	40,000,000円まで	40%	2,796,000 円
40,000,000 円以上		45%	4,796,000 円

退職金は退職所得控除で税負担が軽くなる

会社を辞めて退職金をもらった場合にも税金がかかります。退職金の税金の計算には**退職所得控除**という仕組みと原則※2分の1（つまり、半分）だけ課税されるのが特徴です。これは退職金が長年の勤労に対する報償的給与の性格が強いことなどの理由から、税負担が軽くなるように配慮しているためだと説明されます。

退職金にかかる税金の計算式は、上の図に示した通りで、原則として通常の給与と分けて税額の計算をします（申告分離課税）。

ちなみに、住民税は課税退職所得金額の10％（都道府県民税4％＋市区町村民税6％）が**特別徴収**（退職金から住民税が差

※会社の役員等で勤続年数が5年以下の場合は2分の1の適用はない。

ポイント

「退職所得の受給に関する申告書」を提出済みなら確定申告の必要なし

源泉徴収税額を計算してみる

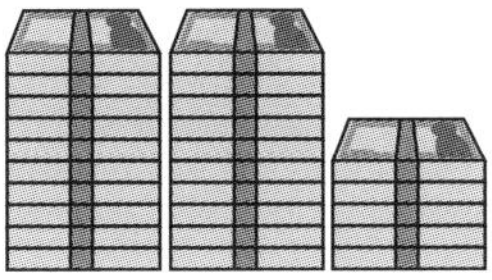

勤続30年の会社員が
退職金2,500万円を
もらって退職した場合

まず退職所得控除額を計算する

800万円＋70万円×（30年－20年）＝1,500万円 ― 控除される

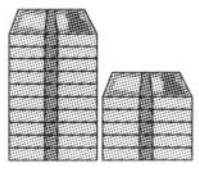

課税所得金額

（2,500万円－1,500万円）×1/2＝500万円 ― 課税される

所得税額

課税所得金額が500万円 → 税率は20%
控除額は427,500円

↓

5,000,000円×20%－427,500円＝572,500円

所得税及び復興特別所得税の額

572,500円 ＋（572,500円 × 2.1%）＝ **584,522円**

※住民税については、課税所得金額5,000,000円×10%で、50万円が特別徴収される。
特別徴収：退職金の支払者が税額を計算して、支払額から税額を差し引いて（天引き）市区町村へ納付する。

退職金は原則として

他の所得と分離して税額を計算する 分離課税 となる

し引かれる）されます。

それから、退職金を一時金ではなく、分割して（年金として）受取る場合は、公的年金と同じように**雑所得**に分類され、課税方法も総合課税となります。

一時金で受取る退職金に対する課税は、勤続年数が長くなるほど控除額が大きくなり、税負担が軽減される仕組みになっています。税金の面で見ると、分割より一時金でもらった方が有利であるといえます。

勤め先で手続きが済んでいれば申告不要

退職金を一時金で受取った際に**「退職所得の受給に関する申告書」**を提出している人については、会社が税金を計算し、退職金から源泉徴収されているため、原則として確定申告の必要はありません。

分割して（年金として）退職金を受取っている場合は、その年の公的年金等の収入金額が400万円以下であり、かつ、その他の所得金額が20万円以下である場合は、原則として確定申告は不要となります。

5章－2
税金の手続き

年金にも所得税がかかる？

年金は「雑所得」になる

公的年金等の課税関係

計算方法

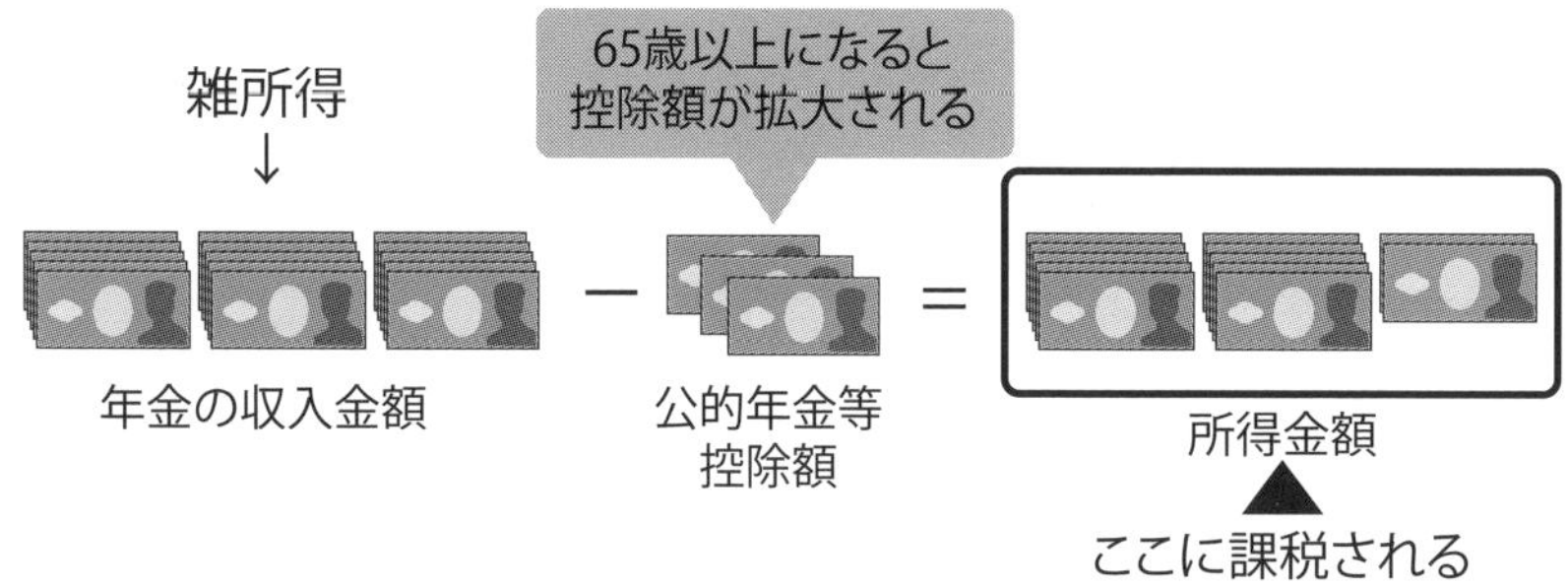

雑所得
65歳以上になると控除額が拡大される
年金の収入金額
公的年金等控除額
所得金額
ここに課税される

「公的年金等」とは？

雑所得として課税対象となる公的年金等は以下のもの
①国民年金法、厚生年金保険法、公務員等の共済組合法などの規定による年金
②過去の勤務により会社などから支払われる年金
③外国の法令に基づく保険または共済に関する制度で(1)に掲げる法律の規定による社会保険または共済制度に類するもの

公的年金等の収入金額が400万円以下 ＋ その年分の公的年金等に係る雑所得以外の所得金額が20万円以下

↓

原則として
確定申告は不要

65歳未満と65歳以上で税負担が違う

日本人の平均寿命は、男性81・05歳、女性87・09歳（令和4年簡易生命表）となっており、日本は長寿大国です。その一方で長い老後生活であるがゆえに、お金の悩みもあります。

誰でも年金生活に入ったら可能な限り出費を抑えたいと考えたくなりますが、老後の年金にも税金が課税されると聞くと、驚いてしまう人がいます。

老後の年金は**「雑所得」**に分類され、所得税と住民税が課税されるわけですが、公的年金等の所得の計算には**大幅な控除の仕組み**があります。

この控除額は65歳未満と65歳以上で異なり、65歳以上になると控除額が拡大されて

ポイント

所得税がかかる場合は復興特別所得税も含めて徴収される（2037年12月31日まで）

公的年金等に係る雑所得の速算表

	公的年金等の収入金額	公的年金等に係る雑所得の金額
65歳未満の人	60万円以下	0円
	60万円超130万円未満	収入金額－60万円
	130万円以上410万円未満	収入金額×0.75－27万 5,000円
	410万円以上770万円未満	収入金額×0.85－68万 5,000円
	770万円以上1,000万円未満	収入金額×0.95－145万 5,000円
	1,000万円以上	収入金額－195万 5,000円
65歳以上の人	110万円以下	0円
	110万円超330万円未満	収入金額－110万円
	330万円以上410万円未満	収入金額×0.75－27万 5,000円
	410万円以上770万円未満	収入金額×0.85－68万 5,000円
	770万円以上1,000万円未満	収入金額×0.95－145万 5,000円
	1,000万円以上	収入金額－195万 5,000円

注：公的年金等に係る雑所得以外の所得金額が 1,000 万円以下である場合の表である。

います。

また、公的年金等には確定申告不要制度なるものがあります。これは公的年金等の収入金額が４００万円以下であり、かつ、その年分の公的年金等に係る雑所得以外の所得金額が20万円以下である場合には、原則として確定申告不要です（ただし、住民税の申告が必要になる場合があります）。

個人年金保険の年金受取時にも税金がかかる

保険会社などと個人年金契約を結び、その結果として支払いを受ける個人年金保険のことを、一般的に**個人年金（私的年金）**といいます。毎年、個人年金を受取る場合は雑所得となり、税金がかかってきます。

個人年金は、受取った年金の金額から必要経費にあたる払込保険料を差引いた金額を所得金額（雑所得の金額）とします。年金の年額からそれに対応する保険料の額を控除した残額が25万円以上になると、年金が支払われる際に、所得税及び復興特別所得税が源泉徴収されます。

5章－3
税金の手続き

確定申告すれば税金が戻る

退職した年の年末調整を受けていないとき

年末調整から確定申告へ

会社員のときは…
会社で年末調整してくれる
12月まで会社に勤めていないと年末調整されない
退職後は…
自分で確定申告する
所得税額の過不足を調整する
ほとんどの場合払い過ぎていた税金が還付される

退職した年の住民税

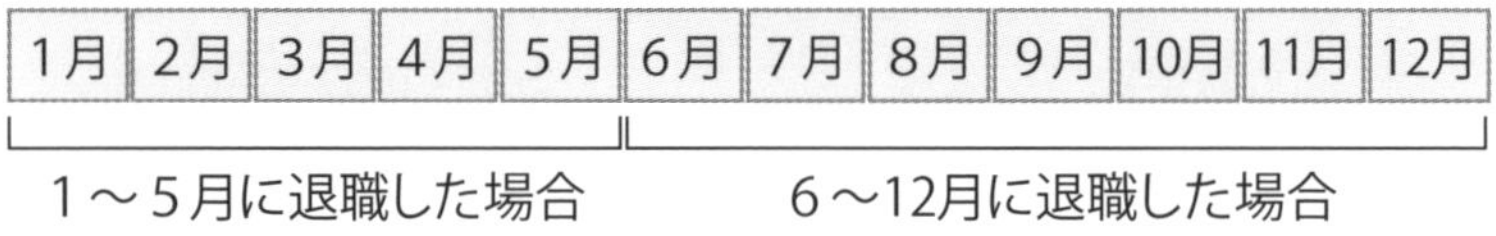

1月
2月
3月
4月
5月
6月
7月
8月
9月
10月
11月
12月
1～5月に退職した場合
6～12月に退職した場合

残りの住民税は
最後の給与が支払われるときに
一括で会社が天引き

残りの住民税は
一括で天引きか
普通徴収に切り替えて自分で納めるか
選択できる

退職した後の住民税の支払い方法

自分で払うのか

自分で支払わなければならない

退職直後の１年目は、現役時代の所得で計算された税額を納付する必要があるので要注意！

確定申告をして払い過ぎた税金を取り戻す

会社員は、毎月の給与から税金を源泉徴収されています。この源泉徴収は概算で行われていますから、源泉徴収された税金の1年間合計額は、必ずしも納めるべき1年間の税金と一致していません。どうしても過不足が生じます。そこで、**年末調整**によってこの過不足額を精算するわけですが、年の途中で退職すると、この精算手続きがされていないため多くの場合、税金が納め過ぎになっているものです。

この納め過ぎの税金は、翌年になってから確定申告をすれば還付を受けられます。これまで年末調整でやっていた精算手続きを、今度は**確定申告**でやることになります。

ポイント

会社を退職した翌年は1年前の所得にかかる住民税を払う必要があるので要注意

個人住民税

区分	個人住民税
課税主体	賦課期日（1月1日）現在の住所地の市（区）町村及び都道府県
納税義務者	①市区町村・都道府県内に住所を有する個人（均等割・所得割） ②市区町村・都道府県内に事務所、事業所又は家屋敷を有する個人（①に該当する者を除く）（均等割）
課税方式	賦課課税方式（市町村が税額を計算、確定）
課税標準	（所得割）前年中の所得金額
税率	所得割…前年の所得金額に応じて課税される （下表） 均等割…所得金額にかかわらず定額で課税される ・市町村:3,500円（年額） ・都道府県:1,500円（年額）

＜総合課税分＞	標準税率		
	都道府県	市町村	合計
一律	4%	6%	10%

退職金にかかる住民税

退職所得の金額＝（退職所得等の収入金額－退職所得控除額）×1/2
退職所得の金額×税率（都道府県民税４％、市民税６％）＝税額

住民税は1年後が怖いわけ

会社勤めをしていたときは、6月の給与より天引きされる形で住民税を納付していました。では、会社を退職すると、残りの住民税の納付はどうなるのでしょう？

会社を1月から5月に退職した場合は、残りの住民税は最後の給与が支払われるときに一括に会社が天引きし、退職者の納税地である市区町村に納めます。6月から12月に退職した場合は、残りの住民税は一括に天引きされるか、**普通徴収**に切り替えて自分で納めていくか選択できます。

住民税は前年の1月1日から12月31日までの所得によって決定されますから、退職直後の1年目は、現役時代の所得で計算された税額を納付することになります。

退職後、再就職をせずにのんびり暮らしている人は、1年後に住民税の納付書が届くと、あまりの金額の多さにビックリするかもしれません。納付に困らないために、退職金などで納税資金を準備しておくべきです。

→56〜57ページ参照

老齢基礎年金・老齢厚生年金支給繰上げ請求書

年金を60歳から65歳になるまでの間に繰上げて受取りたい場合に提出する。原則として、老齢基礎年金と老齢厚生年金は同時に繰上げ請求をする必要がある。

様式第102号
（㊓ 102-1）

国民年金
厚生年金保険　老齢基礎年金・老齢厚生年金 支給繰上げ請求書

課所符号	進達番号

※裏面の「注意事項」および「記入上の注意」をよく読んでから記入してください。
※基礎年金番号（10桁）で届出する場合は左詰めでご記入ください。

① 個人番号（または基礎年金番号）	1 2 3 4 5 6 7 8 X X X X
② 氏名	（フリガナ）スズキ　イチロウ （氏）鈴木　（名）一郎
③ 生年月日	昭和　XX年　X月　X日
④ 住所	郵便番号 175-0094 （フリガナ）トウキョウト イタバシク ナリマス 東京都板橋区成増6-7-8

繰上げの請求を行うことによる制約等を理解のうえ、

㋐ 老齢基礎年金の全部を繰上げ請求します。
イ．老齢厚生年金の繰上げおよび老齢基礎年金の全部を繰上げ請求します。
ウ．老齢厚生年金の繰上げおよび老齢基礎年金の一部を繰上げ請求します。

上記「ウ」による請求を行う場合は、右の1～3のいずれかに○をしてください。	1　厚生年金保険法等に定める障害の状態にあることによる請求
	2　長期加入の特例による請求
	3　坑内員・船員の特例による請求

令和　○年　○月　○日 提出

電話番号（03）－（1234）－（0000）

※基礎厚生年金決定65	改定年月日	事由	※定額部分開始年齢月数		
	年　月　日	02・12		歳	月
				歳	月
				歳	月

市区町村　受付年月日

実施機関等　受付年月日

※実際の記入方法、手続きに必要な書類については年金事務所等に相談してください。

 →56〜57ページ参照

老齢基礎・厚生年金支給繰下げ請求書

65歳からではなく66歳以後に年金を繰下げて受取りたい場合に提出する。繰下げ請求をした場合は、申出月に応じた割合の額が増額される。提出先は年金事務所または街角の年金相談センター。

二次元コード

様式第235-1号

国民年金
厚生年金保険 老齢 基礎
厚生 年金裁定請求書/支給繰下げ請求書

職員記入欄	
本来請求	繰下げ
繰下げみなし（5年前）	

特別支給の老齢厚生年金の受給権者であった方または、老齢基礎年金/老齢厚生年金の受給権者が、66歳以降に老齢基礎年金/老齢厚生年金をさかのぼって請求するときまたは、繰り下げて受けようとするときの請求書。

裏面の「記入上の注意」をよく読んでからご記入ください。

54	57	65	80

*基礎年金番号（10桁）で届出する場合は左詰めでご記入ください。
*複数の年金を受け取っているため年金証書の年金コード（4桁）が複数ある場合、左詰めで続けてご記入ください。

❶	個人番号（または基礎年金番号）*	1	2	3	4	5	6	7	8	X	X	X	X
	年金証書の年金コード*	1	1	5	0								
❷	生年月日	大正・(昭和)						X	X年	X	X月	X	X日

希望する年金の受取方法に○印をつけてください。

❸ 老齢厚生年金の受取方法	(ア) 老齢厚生年金を現時点で繰り下げて受け取ります。
老齢厚生年金を既に受給中の場合は右の欄にチェックしてください。☐	イ 老齢厚生年金を65歳（受給権発生時点）までさかのぼって受け取ります。 70歳後に請求する場合は、請求の日の5年前の日の翌月分からの受け取りとなります。
	ウ 老齢厚生年金は今回請求しません。（後日、あらためて老齢厚生年金の請求を行う予定です。）
❹ 老齢基礎年金の受取方法	(ア) 老齢基礎年金を現時点で繰り下げて受け取ります。
老齢基礎年金を既に受給中の場合は右の欄にチェックしてください。☐	イ 老齢基礎年金を65歳（受給権発生時点）までさかのぼって受け取ります。 70歳後に請求する場合は、請求の日の5年前の日の翌月分からの受け取りとなります。
	ウ 老齢基礎年金は今回請求しません。（後日、あらためて老齢基礎年金の請求を行う予定です。）

❺ 生計維持申立

配偶者および子の氏名	生年月日	個人番号	受給権者との続柄	障害の状態の有無
鈴木智子	(昭和)・平成・令和 XX年XX月XX日	XXXXXXXXXXXX	妻	ある・(ない)
	平成・令和 年 月 日			ある・ない
	平成・令和 年 月 日			ある・ない

✔上記の者は、受給権を取得した当時から引き続き生計を維持していることを申し立てる。
☐上記の配偶者によって、私は生計を維持されていることを申し立てる。
（生計維持申立欄中☐は、いずれか該当する方に「✔」を記入してください。）

令和 XX年 XX月 XX日
受給権者氏名 鈴木一郎

職員記入欄（以下は記入する必要はありません。）

65ー		老厚老基	老基	老厚	受付年月日	時効区分	共済他年金欄
本来	本来	01	21	05 14 11 24	年 月 日		
	みなし増額	33	43	53	年 月 日		
繰下げ		03	13	23	年 月 日		

54ー事由	改定年月日	配状	配状年金コード	受付年月日	時効区分	年金種別
	年 月 日			年 月 日		☐機構 ☐国共済
	年 月 日			年 月 日		☐地共済（ ） ☐私学共済

実施機関等
受付年月日

※実際の記入方法、手続きに必要な書類については年金事務所等に相談してください。

 →58〜59ページ参照

公的年金等の受給者の扶養親族等申告書

公的年金について源泉徴収の対象となる人に、例年９月中旬ころから順次送付されてくる。書面に記載されている提出期限内に提出する（返信用封筒に切手を貼って投函する）。

令和６年分　公的年金等の受給者の扶養親族等申告書

受給者	個人番号（または基礎年金番号）	年金コード
	12345678XXXX	1150

*基礎年金番号（１０桁）で届出する場合は左詰めでご記入ください。

機構使用欄

提出年月日	令和６年10月〇日

A 受給者

下記❶～❸は該当なしの場合は記入不要です。

フリガナ	ネンキン　タロウ
氏名	年金太郎
住所	東京都杉並区
電話番号	03 - XXXX - XXXX
生年月日	昭和29年〇月〇日

1 本人障害	1.普通障害　2.特別障害
2 寡婦等 本人の年間所得見積額500万円以下	1.寡婦（子がいない女性の方）　2.ひとり親（子がいる方）
退職所得を除いた所得見積額で要件に該当	地方税（個人住民税）控除のみ 4.寡婦　5.ひとり親
3 本人所得	年間所得の見積額が900万円を超える場合は右の欄に〇をしてください。

B 控除対象となる配偶者

	4 源泉控除対象配偶者または障害者に該当する同一生計配偶者
フリガナ	ネンキン　ヨシコ
氏名	年金好子
機構使用欄	
続柄	1.夫　2.妻（〇）
生年月日	1.明　3.大　5.昭（〇）　7.平 24年〇月〇日
個人番号（マイナンバー）	11111111XXXX　機構使用欄

5 配偶者の区分

配偶者の収入が年金のみで、下記1、2のどちらかに該当の方は右の欄に〇をしてください。 1. 65歳以上の場合、年金額が158万円以下の方 2. 65歳未満の場合、年金額が108万円以下の方	〇
上記以外の場合 「手引き」を参照し、右の欄に年間所得の見積額をご記入ください（収入がない方はゼロを記入）。	万円
退職所得がある方は、右の欄に〇をしたうえで、上記金額から退職所得を除いた金額をご記入ください（退職所得がない方は記入不要です）。	退職所得あり 万円

6 配偶者障害（該当なしの場合は記入不要）	1.普通障害　2.特別障害
7 同居等の区分（国外居住の有無　国内居住の場合は記入不要）	1.同居（〇）　2.別居 1.非居住者
8 配偶者老人区分	2.老人（〇） 配偶者の所得見積額が48万円以下かつ70歳以上の場合に該当

C 扶養親族（３人目以降は裏面にご記入ください）

9 控除対象扶養親族（16歳以上）または扶養親族（16歳未満）※	続柄	生年月日 10 特定・老人の種別	11 障害（該当なしの場合は記入不要）	12 同居等の区分（国外居住の有無　国内居住の場合は記入不要）	13 年間所得の見積額（退職所得のある方　退職所得を除いた所得額）
フリガナ 氏名 機構使用欄 個人番号（マイナンバー）	3 子 4 孫 5 父母祖父母 6 兄弟姉妹 7 その他 8 甥姪等 9 三親等以内の親族	1.明　3.大　5.昭　7.平　9.令 年　月　日 1.特定　2.老人	1.普通障害 2.特別障害	1.同居　2.別居 国外居住 2.30歳未満70歳以上　3.留学 4.障害者　5.年38万円以上送金	48万円以下　48万円超 退職所得あり 退職所得を除いた金額が48万円以下
フリガナ 氏名 機構使用欄 個人番号（マイナンバー）	3 子 4 孫 5 父母祖父母 6 兄弟姉妹 7 その他 8 甥姪等 9 三親等以内の親族	1.明　3.大　5.昭　7.平　9.令 年　月　日 1.特定　2.老人	1.普通障害 2.特別障害	1.同居　2.別居 国外居住 2.30歳未満70歳以上　3.留学 4.障害者　5.年38万円以上送金	48万円以下　48万円超 退職所得あり 退職所得を除いた金額が48万円以下

※扶養親族（16歳未満）の記載は、地方税法第45条の3の3および第317条の3の3の規定による「公的年金等の受給者の扶養親族等申告書」の記載を兼ねています。

※扶養親族等申告書を紛失した場合は、日本年金機構HPから書面をダウンロードできます。

健康保険任意継続被保険者資格取得申出書（協会けんぽの例）

健康保険を任意継続する場合に提出する。提出先は住所地を管轄する協会けんぽ支部。提出期限は退職日の翌日から20日以内なので遅れることなく提出したい。

1 2 ページ

健康保険 任意継続被保険者 **資格取得** 申出書

取

退職などで健康保険の資格がなくなった後も、引き続き個人で健康保険に加入する場合にご使用ください。なお、提出期限は、退職日の翌日から20日以内（必着）です。記入方法および添付書類等については、「記入の手引き」をご確認ください。

被保険者情報

勤務していたときに使用していた被保険者証の発行都道府県支部	東京 支部	提出日（投函日）	令和 ○○ 年 ○○ 月 ○○ 日
勤務していたときに使用していた被保険者証	記号（左づめ） 123456XX 番号（左づめ） 12	生年月日	1（1. 昭和 2. 平成 3. 令和） ○○ 年 ○○ 月 ○○ 日
氏名（カタカナ）	スズキ サブロウ 姓と名の間は1マス空けてご記入ください。濁点（゛）、半濁点（゜）は1字としてご記入ください。		
氏名	鈴木 三郎	性別	1（1. 男 2. 女）
郵便番号（ハイフン除く）	1750094	電話番号（左づめハイフン除く）	09056780000
住所	東京 都・道・府・県 板橋区成増6-7-12		

勤務していた事業所	名称 彩図不動産（株）	所在地	豊島区南大塚3-24-1
資格喪失年月日（退職日の翌日）	令和 ○○ 年 04 月 01 日		
保険料の納付方法 ※希望する番号をご記入ください。	1　1. 口座振替（毎月納付のみ） 2. 毎月納付 3. 6か月前納 4. 12か月前納		口座振替を希望される方は、別途、「口座振替依頼書」の提出が必要です。

健康保険 資格喪失証明欄

事業主記入用 ※任意　この欄をご記入いただくことで、被保険者証の交付が早くなる場合があります。

勤務していた方の氏名（カタカナ）	 姓と名の間は1マス空けてご記入ください。濁点（゛）、半濁点（゜）は1字としてご記入ください。
資格喪失年月日（退職日の翌日）	令和 年 月 日

上記の記入内容に誤りのないことを証明します。　令和 年 月 日

事業所所在地

事業所名称

事業主氏名

電話番号

被扶養者がいる場合は2ページ目に続きます。

被保険者証の記号番号が不明の場合は、被保険者のマイナンバーをご記入ください。
（記入した場合は、本人確認書類等の添付が必要となります。）

社会保険労務士の提出代行者名記入欄	

以下は、協会使用欄のため、記入しないでください。

MN確認（被保険者）	1. 記入有（添付あり） 2. 記入有（添付なし） 3. 記入無（添付あり）			資格喪失日	令和 年 月 日		
同時申請	1. 限度額		1. 減額認定		1. 特定疾病		1. 口座振替
その他	1. その他 2. 4名以上	（理由）		枚数			

受付日付印

2 0 0 1 1 1 0 1

(2022.12)

全国健康保険協会 協会けんぽ

1/2

※実際の記入方法、手続きに必要な書類については管轄の全国健康保険協会（協会けんぽ）の都道府県支部にお問い合わせください。

 →66～67ページ参照

健康保険資格喪失証明書

健康保険の任意継続の手続きの際に、退職証明書の写し、雇用保険被保険者証離職票の写し、健康保険被保険者資格喪失届写しなど退職日が確認できる書類がない場合に、こちらの書面を添付する。

健康保険資格喪失証明書

≪留意事項≫

◆この証明書は、全国健康保険協会の任意継続資格取得申出書に添付するものです。
国民健康保険への加入やその他の手続きでは使用できません。

◆次の①～③の書類がある場合は、この証明書を作成していただく必要はありません。
①事業主が証明した退職証明書の写し
②雇用保険被保険者離職票写し
③資格喪失届写し

◆任意継続資格取得申出書の提出は、退職日の翌日から 20 日以内です。証明書の準備に時間がかかる場合は、証明書の添付が無くてもお手続きできます。（被保険者証は、日本年金機構での資格喪失処理が完了してからの交付となります。）

このような証明書を
事業主からもらってください。
詳細は記入されています。

健康保険被保 記号・番	
フリガナ	
被保険者	
住所	
生年月日	年　　月　　日
資格喪失年月日 ※退職日の翌日	年　　月　　日
備考欄	

上記の記載内容に誤りのないことを証明します。

年　　月　　日

事業所所在地
事業所名称
事業主氏名　　　　　　　　　　㊞
電話番号　　　（　　　　　）

※実際の記入方法、手続きに必要な書類については管轄の全国健康保険協会（協会けんぽ）の都道府県支部にお問い合わせください。

国民健康保険被保険者異動届

健康保険の資格を喪失し、国民健康保険の被保険者になる場合に提出する。自治体により書面の名称やフォームが異なる。以下は、さいたま市と練馬区の届出書。

さいたま市の届出書

様式第１号（第９条関係）

国　民　健　康　保　険　被　保　険　者　異　動　届　　記号　　番号

住所	さいたま市　浦和区常盤○-○-○

フリガナ / 被保険者氏名	生年月日 / 個人番号《マイナンバー》	性別	続柄	職業	国保区分	退職区分	前期高齢	異動事由	資格取得年月日 / 異動年月日
サイタマ　タロウ / さいたま太郎	昭和○年６月６日 / 12346XXXXXXX	男	世帯主	自営業	主 擬 被	本 扶	有 無		年　月　日 / 年　月　日
サイタマ　リョウコ / さいたま涼子	昭和○年５月５日 / 98765XXXXXXX	女	妻	無職	主 擬 被	本 扶	有 無		年　月　日 / 年　月　日
	年　月　日				主 擬 被	本 扶	有 無		年　月　日 / 年　月　日
	年　月　日				主 擬 被	本 扶	有 無		年　月　日 / 年　月　日
	年　月　日				主 擬 被	本 扶	有 無		年　月　日 / 年　月　日

異動事由														
	11	転入	12	出生	13	社保離脱	14	国組離脱	15	生保廃止	17	その他取得
	21	転出	22	死亡	23	社保加入	24	国組加入	25	生保開始	27	その他喪失

上記のとおり届けます。

○○○○年　○月　○日

（宛先）　さいたま市長

世帯主	住所	浦和区常盤○-○-○　□同上	電話番号	048（829）XXXX
	氏名	さいたま太郎	個人番号《マイナンバー》	12346XXXXXXX

世帯主以外の方が届け出る場合は、下記の欄も記入してください。

届出人	住所	□世帯主と同じ	世帯主との関係	
	氏名		電話番号	（　　）

※太線の中だけを記入してください。
※お届けいただいた電話番号は、保健事業で使用させていただく場合があります。

保険証受取人

□任継説明　□自己・会社・説明
□年金案内　□福祉医療案内

事務処理欄
届出人
□世帯主 □同世帯 □代理人
届出人の身元確認
1点で保険証窓口交付可
□運転免許証 □運転経歴証明書
□旅券　□在留カード
□マイナンバーカード
□住基カード（顔写真有）
□障害者手帳（顔写真有）
□その他（　　）
2点以上で保険証窓口交付可
□保険証（健・介）□年金手帳
□退職(喪失)証明書　□離職票
□年金証書 □納税通知書等
□受給者証 □その他（　　）
マイナンバー確認のみ可
□学生証 □社員証
□（　　）□（　　）
□確認不可
世帯主の番号確認
□マイナンバーカード
□住民票の写し（番号記載）
□通知カード □転出証明書
□その他（　　）
□確認不可（忘・紛・拒・未）
確認事項
□世帯主課税（普主・擬主）
□納税通知書説明済
□遡及課税あり　説明済
□旧被扶養者減免　有・無
申請済・申請依頼済
□口座あり　説明・取消
→主・主以外（　　）
□口座なし　勧奨済
□国申・照会
□滞納有（　～　）
保険証
□窓口　□未交付
□郵送（　／　）
普通郵便　・　簡易書留
□回収（　／　）
□未回収　誓約・返送依頼
区民課（支所）　国保係担当者

練馬区の届出書

第1号様式(第4条関係)

練馬区長殿

国民健康保険異動届

年　月　日　届出

事由	取得(適用開始)	喪失(適用終了)	退職者医療制度		変更	擬制普通	記号	番号
	全部・一部	全部・一部	本人認定	本人解除	取得日　取得事由　世帯主　旧国保　在留資格　在留期間 喪失日　喪失事由　その他（　　）			

住所	練馬区 豊玉北　6丁目　○番　○号 （建物名と部屋番号）　TEL 自宅・携帯・勤務先　03-1234-0000	世帯主	練馬達也
		個人番号	123X4X6XXXXX

得・喪年月日

届出人	①世帯主本人	住所　※世帯主以外の方はご記入ください
	2 世帯主以外（右欄も記入してください）	氏名　印　世帯主との関係〔　　〕　TEL 自宅・携帯・勤務先

変更前

変更後

前後記番

	フリ 氏　ガナ 名	世帯主との続柄	性別	生年月日	職業・収入等	退	非	宛名	在留資格 / 在留期限	特記事項
本通	1 ネリマ　タツヤ 練馬達也	世帯主 / 個人番号 123X4X6XXXXX	男M（○）女F	昭（○）平 令 西暦 0.6.6	自営業	本人 / 扶養	新 / 再	新 / 旧		
本通	2 ネリマミナミ 練馬　南	妻 / 個人番号 98765XXXXXXX	男M 女F（○）	昭（○）平 令 西暦 0.5.5	無職	本人 / 扶養	新 / 再	新 / 旧		
本通	3	個人番号	男M 女F	昭 平 令 西暦		本人 / 扶養	新 / 再	新 / 旧		
本通	4	個人番号	男M 女F	昭 平 令 西暦		本人 / 扶養	新 / 再	新 / 旧		
本通	5	個人番号	男M 女F	昭 平 令 西暦		本人 / 扶養	新 / 再	新 / 旧		

注　赤線の中を記入してください。

他保険等加入脱退情報
会社名
TEL
担当者
保険者名　協会けんぽ　健保　国保　共済
TEL
記号
番号
退職日
得・喪年月日
被扶養認定・削除年月日

（保険証の普通郵便による送付をご希望の方はお申し出ください。）

取得	喪失	変更	本人の確認	備考
1 転入(特別区)	1 転出(特別区)	1 世帯主変更	個人番号カード	
2 転入(国内)	2 転出(国内)	2 世帯合併/分離	運転免許証	
3 転入(国外)	3 転出(国外)	3 世帯変更	障害者手帳	
4 社保喪失	4 社保加入	4 転居	写真付住基カード	
5 生保廃止	5 生保開始	5 退職認定/喪失	在留カード	
6 国保組合脱退	6 国保組合加入	6 取得/喪失日変更	パスポート	
7 出生	7 後期高齢加入	7 退職取得/喪失日変更	年金手帳・証書	
8 回復	8 死亡	8 事由変更	資格喪失証明書	
9 その他	9 その他	9 その他（　　）	（　　）	
10 職権	10 職権			

受付	資格審査	入力	証発行			短期証	回収	入力審査
		／	一般・退・外短・高齢	窓郵	遠普	証期限	短期資格	×未回収	

電話 社・健	整収案内	世帯メモ	口座	保険料	送付先	税 練馬	税 他庁	税 簡申	閲付コピ
個人番号 本・職	旧被扶養	非自発 案・申		不当案内	遡及案内	代理人	ギ主	任継	しおり

※実際の記入方法、手続きに必要な書類については各自治体の保険年金課等に相談してください。

 →72ページ参照

老齢厚生・退職共済年金受給権者支給停止事由該当届

65歳になるまでの年金を受給している人が、求職の申込みをしたときや雇用保険の高年齢運用継続給付金を受けられるようになったときに届出が必要になる場合がある。

共済適用表示

実施機関等
受付年月日

様式第583号

老齢厚生・退職共済年金受給権者 支給停止事由該当届

（雇用保険法または船員保険法の失業等給付の申込みをされたとき、もしくは高年齢雇用継続給付等を受けられるようになったときの届）

※この届出には、以下の書類（両面をコピーしたもの）を添付してください。
④で１を○印で囲んだ場合
「雇用保険受給資格者証」、「雇用保険受給資格通知」または「船員失業証明書」
④で２または３を○印で囲んだ場合
「高年齢雇用継続給付支給決定通知書」(注) または「高齢雇用継続給付支給決定通知書」
（注）「高年齢雇用継続給付受給資格確認通知書」では代用できません。

＊基礎年金番号（１０桁）で届出する場合は左詰めでご記入ください。

① 個人番号(または基礎年金番号)	1 2 3 4 5 6 7 8 X X X X
① 年金コード	1 1 5 0
② 生年月日	昭和 ○○年○○月○○日
③ 雇用保険被保険者番号	1 2 3 4 5 6 7 8 9 0 1
④ 求職の申込みをされた場合や、受けられるようになった雇用保険等の給付（該当する番号を○で囲んでください）	⓵ 基本手当（船員保険法にあっては失業保険金） 添付書類「雇用保険受給資格者証」等 ２．高年齢雇用継続基本給付金 （船員保険法にあっては高齢雇用継続基本給付金） ３．高年齢再就職給付金 （船員保険法にあっては高齢再就職給付金） 2.3.の添付書類「高年齢雇用継続給付支給決定通知書」等
⑤ ④の１に○を付けられた方は、求職の申込みを行った年月日 ※平成25年10月以後の場合は記入不要です。	平成 年 月 日
⑥ ④の２または３に○を付けられた方は、その給付の対象となり始めた年月 ※平成25年10月以後の場合は記入不要です。	平成 年 月

郵便番号 175-0094　　令和 ○ 年 ○ 月 ○ 日 提出

住　所　**東京都板橋区成増6-7-10**

（フリガナ）ヤマ ダ タ ロウ

氏　名　**山田太郎**

電話番号　（090）―（1234）―（XXXX）

※下欄は日本年金機構で使用しますので、記入しないでください。

※支給停止51	支給停止年月日	事由	事由	※調整額57
	年 月 日	31・32・33		＋・－

※実際の記入方法、手続きに必要な書類については年金事務所等に相談してください。

退職所得の受給に関する申告書（退職所得申告書）

退職手当等の支給を受ける人は、この申告書に記載し、退職手当等の支払者に提出する。

年　月　日
税務署長 殿 ／ 市町村長 殿

年分　退職所得の受給に関する申告書　兼　退職所得申告書

退職手当の支払者の		あなたの	
所在地（住所）	〒	現住所	〒
名称（氏名）		氏名	
法人番号（個人番号）	※提出を受けた退職手当の支払者が記載してください。	個人番号	
		その年1月1日現在の住所	

A　このA欄には、全ての人が、記載してください。（あなたが、前に退職手当等の支払を受けたことがない場合には、下のB以下の各欄には記載する必要がありません。）

① 退職手当等の支払を受けることとなった年月日	年　月　日	③ この申告書の提出先から受ける退職手当等についての勤続期間		自　年　月　日 至　年　月　日
② 退職の区分等	＜一般・障害の区分＞ 一般 ・ 障害［　　］ ＜生活扶助の有無＞ 有 ・ 無	うち　特定役員等勤続期間	有・無	自　年　月　日 至　年　月　日
		うち　一般勤続期間との重複勤続期間	有・無	自　年　月　日 至　年　月　日
		うち　短期勤続期間との重複勤続期間	有・無	自　年　月　日 至　年　月　日
		うち　短期勤続期間	有・無	自　年　月　日 至　年　月　日

B　あなたが本年中に他にも退職手当等の支払を受けたことがある場合には、このB欄に記載してください。

④ 本年中に支払を受けた他の退職手当等についての勤続期間	自　年　月　日 至　年　月　日	⑤ ③と④の通算勤続期間	自　年　月　日 至　年　月　日
うち　特定役員等勤続期間		うち　特定役員等勤続期間　有・無	自　年　月　日 至　年　月　日
うち　短期勤続期間			

> **この申告書を提出することで退職所得控除を受けられ、適正な源泉徴収がされます。**

C　あなたが前年以前4年内（……）には、このC欄に記載してく……　……職手当等の支払を受けたことがある場合

⑥ 前年以前4年内（その年に確定拠出年金法に基づく老齢給付金として支給される一時金の支払を受ける場合には、19年内）の退職手当等についての勤続期間	自　年　月　日 至　年　月　日	㋑ うち　特定役員等勤続期間との重複勤続期間	有・無	自　年　月　日 至　年　月　日
		㋺ うち　短期勤続期間との重複勤続期間	有・無	自　年　月　日 至　年　月　日

D　A又はBの退職手当等についての勤続期間のうちに、前に支払を受けた退職手当等についての勤続期間の全部又は一部が通算されている場合には、その通算された勤続期間等について、このD欄に記載してください。

⑧ Aの退職手当等についての勤続期間（③）に通算された前の退職手当等についての勤続期間	自　年　月　日 至　年　月　日	年	⑩ ③又は⑤の勤続期間のうち、⑧又は⑨の勤続期間だけからなる部分の期間	自　年　月　日 至　年　月　日	年
うち　特定役員等勤続期間　有・無	自　年　月　日 至　年　月　日	年	㋩ うち　特定役員等勤続期間　有・無	自　年　月　日 至　年　月　日	年
うち　短期勤続期間　有・無	自　年　月　日 至　年　月　日	年	㊁ うち　短期勤続期間　有・無	自　年　月　日 至　年　月　日	年
⑨ Bの退職手当等についての勤続期間（④）に通算された前の退職手当等についての勤続期間	自　年　月　日 至　年　月　日	年	⑪ ⑦と⑩の通算期間	自　年　月　日 至　年　月　日	年
うち　特定役員等勤続期間　有・無	自　年　月　日 至　年　月　日	年	㋭ うち　㋑と㋩の通算期間	自　年　月　日 至　年　月　日	年
うち　短期勤続期間　有・無	自　年　月　日 至　年　月　日	年	㋬ うち　㋺と㊁の通算期間	自　年　月　日 至　年　月　日	年

E　B又はCの退職手当等がある場合には、このE欄にも記載してください。

区分		退職手当等の支払を受けることとなった年月日	収入金額（円）	源泉徴収税額（円）	特別徴収税額 市町村民税（円）	特別徴収税額 道府県民税（円）	支払を受けた年月日	退職の区分	支払者の所在地（住所）・名称（氏名）
B	一般	・　・					・　・	一般・障害	
B	特定役員	・　・					・　・	一般・障害	
B	短期	・　・					・　・	一般・障害	
C		・　・					・　・	一般・障害	

03.12 改正　（規格A4）

※実際の記入方法、手続きに必要な書類については税理士等に相談してください。

【著者】
房野和由(ふさの・かずよし)

特定社会保険労務士。埼玉県生まれ。早稲田大学大学院法学研究科修士課程修了。開業社労士のかたわら、資格専門学校にて社労士受験講座の講師を務める。
著書に『障害年金・生活保護で不安なく暮らす本』『まず200万円もらって始める、ゆるゆる起業』(以上、ぱる出版) などがある。

柴崎貴子(しばさき・たかこ)

税理士・社会保険労務士。柴崎会計事務所代表。東京都生まれ。明治大学政治経済学部政治学科卒業。「幸せな相続」ができるよう、お客様には生前贈与対策の提案に努めている。東京税理士会練馬東支部 税務支援対策部所属。小中学校で租税教育を行うほか、大学で租税法講座の担当も受け持っている。著書に『生前贈与の手続きの進め方』、『不動産取引の進め方』、『家族信託の手続きの進め方』(いずれも彩図社) などがある。

本書の内容は、2023年11月現在のものです。最新の情報については、厚生労働省ホームページ、日本年金機構ホームページ、国税庁ウェブサイト等をご覧になってくださいますようお願い致します。

【図解】定年前後の手続きの進め方 最新版

2024年1月22日第一刷

著　者　房野和由・柴崎貴子

イラスト　上丸 健

発行人　山田有司

発行所　株式会社　彩図社
東京都豊島区南大塚 3-24-4
MT ビル　〒170-0005
TEL：03-5985-8213　FAX：03-5985-8224

印刷所　シナノ印刷株式会社

URL：https://www.saiz.co.jp
https://twitter.com/saiz_sha

 ISBN978-4-8013-0698-1 C0033

※本書は、『改訂版 社労士・税理士が教える 絶対にやっておかないとヤバイ！ 定年前後の手続きの進め方』をもとに図式化したものです。